KB214901

설
교
자
의

인
생

다함
도서출판 ■ 은

1. 다윗과 아브라함의 자손
아브라함과 다윗의 자손으로, 하나님 구원의 언약 안에 있는 택함 받은 하나님 나라 백성을 뜻합니다.

2. 마음과 뜻과 힘을 다하여 하나님을 사랑하라
구약의 언약 백성 이스라엘에게 주신 명령(신 6:5)을 인용하여 예수님이 가르쳐 주신 새 계명
(마 22:37, 막 12:30, 눅 10:27)대로 마음과 뜻과 힘을 다해 하나님을 사랑하겠노라는 결단과 고백입니다.

사명선언문
1. 성경을 영원불변하고 정확무오한 하나님의 말씀으로 믿으며, 모든 것의 기준이 되는 유일한 진리로 인정하겠습니다.
2. 수천 년 주님의 교회의 역사 가운데 찬란하게 드러난 하나님의 한결같은 다스림과 빛나는 영광을 드러내겠습니다.
3. 교회에 유익이 되고 성도에 덕을 끼치기 위해, 거룩한 진리를 사랑과 겸손에 담아 말하겠습니다.
4. 하나님 앞에서 부끄럽지 않도록 항상 정직하고 성실하겠습니다.

설교자의 인생

초판 1쇄 인쇄 2022년 04월 28일
초판 1쇄 발행 2022년 05월 10일
초판 3쇄 발행 2022년 09월 14일

지은이 | 임종구

디자인 | 장아연
표지일러스트 | 장재광
펴낸이 | 이웅석
펴낸곳 | 도서출판 다함
등 록 | 제2018-000005호
주 소 | 경기도 군포시 산본로 323번길 20-33, 701-3호(산본동, 대원프라자빌딩)
전 화 | 031-391-2137
팩 스 | 050-7593-3175
블로그 | https://blog.naver.com/dahambooks
이메일 | dahambooks@gmail.com

ISBN 979-11-90584-48-7 (03230)

설교자의 인생

임종구 지음

다함
도서출판

우리시대의 모든 지역교회 설교자들께
이 책을 헌정합니다.

목 차

1부 설교자와 설교언어

1 설교언어에 대한 반성 26

2 설교언어의 정련 60

추천사

권성수
(대구동신교회 담임목사)

임종구 목사님의『설교자의 인생』은 설교학 책이 아니라 설교자의 고백입니다. 30년 간 '정신 노동자' '언어 노동자' '설교 노동자' '지식 노동자'로 생명의 출산 같은 설교를 해온 한 설교자의 아픔과 보람의 고백입니다.

"설교는 한 시간의 연주가 아니다. 그것은 삶의 흘러넘침이다." E. M. 바운즈의 이 말에 100% 공감이 갑니다. 임종구 목사님은 바운즈의 이 말처럼 '한 시간의 연주'가 아니라 '흘러넘치는 삶'으로 설교해 왔습니다. 이 책이 설교인생의 고백이기에 독자는 공감하고 같이 아파하고 도전과 감동을 받을 것입니다.

이 책은 읽어보고 싶고 읽어봐야만 속이 풀리는 책입니다. "스타벅스처럼 설교하지 말라." "마치 천식환자처럼 설교하라." "성산포에서는 바다가 설교를 한다." 이것이 무슨 말인지 읽어보고 싶지 않는 설교자가 있겠습니까? 이런 말을 안 읽어보고 어떻게 이해하겠습니까? 임종구 목사님은 말놀이가 아니라 설교자의 고뇌와 깨달음으로 이런 식의 글을 썼기에 독자들이 깊은 도전을 받을 것입니다.

개척교회의 애환(哀歡)을 온몸으로 느끼면서 이제는 신학교와 교회집회 등을 통해 지식과 메시지로 예수 생명을 전하는 임종구 목사님의 『설교자의 인생』을 통해 설교에 예수 그리스도의 풍성한 생명의 파문이 일기를 기대합니다.

추천사

류응렬
(와싱톤중앙장로교회 담임목사
/ 고든콘웰신학교 객원교수)

책을 손에 드는 순간『설교자의 인생』이라는 제목부터 숙연하게 다가옵니다. 이 한 마디에, 정녕 한 편의 설교를 위해 쏟은 모든 설교자의 눈물과 땀방울이 흐르고 있기 때문입니다. 생각처럼 펼쳐지지 않는 목회현장과 소망과 현실의 건널 수 없는 간격을 아파하는 설교자의 고뇌가 스며있는 한 마디이기 때문입니다. 목사님의 책은 글이 아니라 삶처럼 읽힙니다. 설교자의 인생이라는 묵직한 두 단어가 마지막 장을 덮을 때까지 심장을 울리는 울림으로 다가옵니다. 그 울림은 자신의 설교를 돌아보게 하고 강단에 서는 거룩한 영광 앞에 설교를 준비하는 자세를 가다듬게 합니다.

목사님의 글에는 문장마다 자신이 걸어온 설교자로서의 흔적이 베어있고, 앞으로 걸어올 후배들을 향한 애틋한 사랑이 묻어 있습니다. 매주 토요일이 되면 목양실을 벗어나지 못하는 설교자들은 이 책을 통해 때로는 따뜻한 위안과 용기를 얻고, 때로는 자신을 들여다보는 거울을 만날 것입니다. 그 거울은 사람을 나무라지 않습니다. 어떤 허물도 다 감싸 안고 힘을 내라고 조용히 속삭입니다. 이 땅의 모든 설교자가 이 책을 가슴에 새기고 하나님의 영광스런 말씀이 임하는 그 강단으로 겸손하나 당당한 모습으로 걸어가기를 바랍니다.

추천사

박영돈
(작은목자들교회 담임목사
/ 고려신학대학원 교의학 명예교수)

하나님의 말씀이 비천한 인간과 그 언어라는 매체를 통해 전달됩니다. 그러니 설교자는 자신의 인격과 언어를 부단히 갈고닦으며 정결케 하여 말씀의 영광을 훼손하지 않는 통로가 되기 위해 힘씁니다. 설교자의 언어에서 그가 어떤 사람인지가 고스란히 드러납니다. 성령께 인도함을 받고 연단된 오랜 과정을 통해 배양된 인격과 영성, 지혜와 지식이 그의 말에 그대로 묻어나옵니다. 성령을 오래 거스르며 산 부패한 인격도 강단에서 여지없이 드러납니다. 오늘날 강단에서 난무하

는 저급한 언어는 설교자가 얼마나 인격적으로 문제가 있는
지를 말해줍니다.

이 책은 이런 강단의 위기 앞에 설교자들이 꼭 들어야 할 메
시지를 전합니다. 설교를 잘하는 요령이나 기술보다는 하나
님이 말씀하시는 적합한 매체가 되도록 인격과 언어를 다듬
는데 힘쓰는 설교자가 되는 길을 제시합니다. 그러기 위해 치
열하게 살아온 설교자로서의 자신을 먼저 반성하며 나누는
설교자의 인생 이야기는 독자들에게 감동과 위로와 함께 영
감과 도전을 안겨줍니다. 설교자는 누구이며 어떤 인생을 사
는 사람인지를 목회 경험으로 터득해가는 생생한 이야기는
읽는 이의 가슴에 공명을 울립니다. 모든 설교자뿐 아니라 바
른 설교를 분별하기 원하는 교인들도 읽어야 할 책입니다.

추천사

이상웅
(총신대학교 신학대학원 조직신학 교수
/ 전 산격제일교회 담임목사)

도대체 설교자는 누구이고, 무엇 하는 사람이며, 어떤 자격을 갖추어야 하는 것일까요? 30년의 목회자요 설교자로 살아온 임종구 목사께서 이러한 질문들에 대해 평소 고민하면서 썼던 글들을 집성하여 이렇게 책으로 출간하게 된 것을 기뻐하며 축하를 드립니다. 대구 지역에서 각기 사역하며 교제하고, 서로 강단교류도 했었던 목회의 동역자였던지라 더 깊은 공감대가 느껴지는 책입니다. 또한, 복음의 불모지라 불리는 지역에서 소수의 구성원으로 개척을 하였고, 사반세기가 넘는 세월 동안 꿋꿋이 버텨왔고 마침내 여러 가지 면에서 사역의 결실을 거두고 있는 임 목사님의 현장과 그의 됨됨이를 알기에 본서에 담긴 내용이 가슴에 와닿습니다.

이전에 쓴 목회 수기 『단단한 교회』를 통해 임 목사님과 푸른 초장교회 사역에 대해 소개된 바가 있지만, 이제 본서 속에서는 조금은 편한 마음으로 설교자의 설교 언어, 설교자의 인생, 설교자의 회복 등에 관해서 기술해 주고 있습니다. 에세이처럼 가볍게 읽어내려갈 수도 있겠지만, 때때로 저자가 제기하거나 지적하고 있는 내용은 가볍게 넘어가기 어려워서 고민을 하게 만들기도 할 것입니다. 그럼에도 불구하고 설교자들이나 설교자가 되기 위해 훈련받고 있는 신학생들에게는 30년 사역에서 우러나오는 저자의 진솔하고 직설적이며 정곡을 찌르는 생각들에 공감도 할 것이고, 배우는 바도 크리라 생각합니다. 설교자들과 설교자를 이해하고 설교를 잘 듣고 싶은 소망을 가진 그리스도인에게 본서의 정독을 권하는 바입니다.

서문

평생을 어떤 특정 직업에 종사한 사람들에게 그 직업은 곧 그들의 인생이라 할 수 있다. 인생의 뜻을 정하고 그 분야를 꿈꾸고 그곳에서 잔뼈가 굵고 전 생애를 다 바치는 것이다. 평생을 강단에서 말씀을 강론하는 설교자의 인생도 다르지 않다. E.M 바운즈는 이렇게 말했다.

> "그 사람, 그의 전인이 그 설교의 배후에 있다. 설교는 한 시간의 연주가 아니다. 그것은 삶의 넘쳐흐름이다. 하나의 설교를 만드는 데 20년이 소요된다. 왜냐하면 한 사람을 만드는데 20년이 걸리기 때문이다"[01]

필자 역시 공적인 설교자로 살아온지 30년이 지났다. 지금도 매주 2편에서 어떤 경우에는 10편의 설교를 소화하기도 한다. 표절의 유혹을 넘어서, 육체적 한계와 영적, 지성적 한계 가운데서 매번 새로운 한 편의 순전한 설교를 완성해내는 과정은 그 자체로 기적이며, 자신의 생명과 맞바꾸어 출산해 내는 일이다. 이것이 바로 설교자의 인생이다. 그동안 틈틈이 설교자의 인생과 설교언어에 대한 글들을 써왔다. 그리고 그것들을 하나로 묶어『설교자의 인생』이라는 제목의 책으로 내게 되었다. 기라성 같은 선배들과 시대의 대설교자들이 즐비하고, 설교라면 모두가 저마다의 철학과 신념을 가지고 있는데 어쩌면 너무 겁도 없이 민감한 주제에 손을 댄게 아닌가 싶다. 원고를 출판사에 넘기기까지 확신이 서지 못해 하루에도 몇 번씩 마음이 바뀌기도 했다.

돌이켜 보면 나의 인생에 있어 긍정적이고 감사한 일은 좋은 스승들을 만났다는 것이다. 청소년, 청년기에 故이석광 목사님과 우병조 목사님의 설교를 들으며 성장했다. 그분들의 설교는 한 치의 어긋남도 없는 선배 세대의 '설교자의 정도(正道)'를 가르쳐 주었다. 서른이라는 어린 나이에 교회를 개척하면서부터, 설교는 마치 멈추지 않는 열차처럼 플랫폼으로 들어서서 어린 나를 강단으로 몰아세웠다. 대구에서 사역하면서 명실공히 설교의 대가들이라 불릴만한 故이상근 목사님, 故김덕신 목사님, 故이성헌 목사님의 설교를 들으며 성장했다. 또 권성수 목사님, 장영일 목사님, 김서택 목사님의 설교를 들을 수 있었던 것은 주께서 일천한 자에게 베푸신 큰 복이라 믿고 있다.

2014년 학위논문을 마무리하던 여름, 지도교수님은 나에게 '너만의 방식을 가져라'고 말씀해주셨다. "논문이든, 설교든 너만의 방식을 가져라. 처음에는 서툴고 심지어 틀리고, 망신을 당하더라도 너만의 방식을 발전시켜라." 끝없이 이어지던 플라타너스길을 걸으며 해주신 그 말씀의 의미를 지금도 간직하고 있지만, 아직 일가를 이루기에는 늘 부족하기만 하다. 그러나 스승의 지침은 용기가 되었다. 이 책의 문체와 어투가 일부 독자들에게는 낯설게 여겨질 수도 있을 것이다. 그것은 어머니의 입을 보고 배운 지역 언어를 가지고 있고, 고립과 한계로 인해 굳어지고 형성된 것이라 용감하게 주장하고 싶다.

25년 전 신혼단칸방에서 학생 2명과 아내, 그리고 첫 아이와 함께 교회 개척을 시작하고서 아무도 없는 예배당에 아내와 어린 딸이 유일한 회중으로 필자의 설교를 들어 주었다. 그 등에 업혀 있던 아이가 결혼했으니 설교자로서의 인생도, 연륜도 깊어졌다. 이제 어느덧 청년의 음성은 사라졌고 중년의 소리만 남았다. 설교의 속도는 느려지고, 길이는 짧아졌다. 그렇게 하려고 의도한 것은 아니지만, 세월을 통해 형성된 나만의 설교방식이 이제는 익숙하다.

이 책은 설교자의 인생과 그가 평생을 갈고 닦아야 할 설교언어에 대한 반성을 담은 에세이다. 독자들 중 설교자에게는 용기와 위로가 되기를 바라고, 설교를 듣는 회중에게는 설교자를 따뜻한 눈으로 바라보는 계기가 되기를 희망해본다. 이 미천한 책이 교회의 강단을 건강하게 하는 데 작게라도 도움이 되면 좋겠다. 로이드 존스가 『설교와 설교자』를 '과거와 현재를 망라한 웨스트민스터의 모든 설교자에게' 헌정한 것[02]과 같이 지역교회에서 평생을 설교자로 살아가는 우리 시대와 이 땅의 모든 설교자에게 이 책을 헌정하고자 한다.

주후 2022. 3. 15.
임종구

목사의 설교가 20분이 넘어가면
죄인도 구원받기를 포기한다

마크 트웨인

프롤로그

평양신학교에서 36년간 설교학을 가르쳤던 곽안련(郭安蓮_
Charles A. Clark, 1878-1961)은 한국교회의 첫 설교학 교재
라 할 수 있는 자신의 저서[03]에서 어체의 중요성을 이렇게 설
명하였다.

> "어체(語體)란 우리의 사상을 전부, 그리고 정확하게 표현
> 하기 위하여 설교에 있어서 우리가 사용하는 언어의 적합한
> 선택과 배열이다. 좋은 어체는 특별히 설교하는 사람에게
> 중요한 것이다. 왜냐하면 만일 어체의 명료성과 힘이 부족
> 하면 자기의 사상을 잘 전할 수 없으며 청중들을 확신시킬
> 수 없고, 그들을 영원히 잃어버리고 말기 때문이다."[04]

곽안련은 의사와 변호사를 그 예로 들고 난 후 언어표현의 기술은 타고나는 것이 아니기에 훈련해야 하며, 좋지 못한 어체로 말한다면 하나님께서 자신에게 양떼를 맡기신 귀한 직무를 감당할 수 없다고 말한다. 곽안련이 사용한 어체란 곧 설교언어를 말하는데, 이것이 설교자의 설교전달에 대한 최초의 전개로 보인다.

목사후보생을 가르치는 신학교마다 설교학이 개설되어 있다. 설교학 교재도 넘쳐나고, 설교집은 대해(大海)를 이룬다. 평생 설교를 해야 하는 목회자들에게 설교는 멍에와도 같아서, 사역자들은 설교와 관련된 책자와 세미나에 언제나 관심을 갖는다. 목사들은 설교에서 울고 웃는다. 설교에서 희망을 보기도 하고, 절망에 빠지기도 한다. 설교와 관련된 책들에는 방법론과 실용서가 주를 이루고 있는 반면, 설교자 자신에 대한 성찰과 설교언어에 대해 다루는 책은 찾아보기 어렵다.[05] 이 책은 설교에 대해서 말하지만, 설교의 이론을 전개하기 위한 책은 아니다. 평생을 이 땅에서 설교자로서 살아가야 할 설교자의 인생 이야기와 설교자가 평생을 갈고 닦아야 할 설교언어에 대한 반성을 담은 책이다. 그러므로 설교학에 관련된 이론이나 거창한 대안을 제시할 수는 없지만 적어도 설교자의 인생과 직분에 대한 자기이해와 그가 다루는 설교 언어의 고귀함을 다루는 지점이 이 책의 좌표가 될 것이다.

아울러 이 책은 누군가를 가르치기 위한 책이라기보다, 지금껏 설교자의 인생을 살아왔고 남은 생애도 설교자로 살아가야 할 필자 자신에게 주는 설교 반성문이다. 본서에서 지적되는 문제들의 일차적 화살은 저자를 향한다.

만일 우리가 이 말씀에서 이탈한다면,
우리는 우리의 경주가 아무리 빨라도
길 밖에서 달리기 때문에 결코 목적지에 도달할 수 없다.
그러므로 이 길 밖에서 매우 빨리 달리기보다
이 길에서 절뚝거리는 편이 더 낫다.

장 칼뱅, 『칼뱅 기독교강요 프랑스어 초판 1541』,
박건택 옮김 (서울:부흥과개혁사, 2018)

1부

설교자와 설교언어

1 설교언어에 대한 반성

나의 설교자로의 인생은 고등학교 1학년 봄, 어쩌면 투박했던 소년 설교자로 시작됐으니 설교자 인생, 어언 38년이다. 돌아보니 한 번도 설교를 쉬어본 적이 없다. 개척교회 고등부에 있으면서 주일학교 설교를 했고, 군복무 중에도 군종사병으로 설교를 쉬지 않았다. 설교는 내 삶과 몸의 일부가 되었다. 생애 대부분을 회중석이 아닌 강단석에 앉아 있었으나 내가 강단에서 쏟아내었던 수많은 설교언어에 대한 성찰은 없었다.

말을 위한 기도

이해인

내가 이 세상에 태어나
수없이 뿌려 놓은 말의 씨들이
어디서 어떻게 열매를 맺었을까
조용히 헤아려 볼 때가 있습니다

무심코 뿌린 말의 씨라도
그 어디선가 뿌리를 내렸을지 모른다고 생각하면
왠지 두렵습니다

더러는 허공으로 사라지고
더러는 다른 이의 가슴속으로
좋은 열매를 또는 언짢은 열매를
맺기도 했을 언어의 나무

이해인의 언어이해와 같이 38년 동안 본문과 제목을 가지고 강단에서 흘러갔을 수많은 나의 설교언어들은 지금껏 어디서 어떤 열매를 맺었을까? 회중석에 앉아서 양처럼 순하게 설교를 듣던 이들은 지금 어디서 어떻게 살고 있을까? 하나님은 왜 교회를 만들고 자신의 백성들을 불러 모으셨을까? 그리고 왜 그들에게 자신이 직접 말하시지 않고 사람을 세워

설교하게 하셨을까?[06] 또 왜 그 사람으로 언어를 통해 계시를 전하게 하셨을까? 윤동주가 일본으로 유학가기 전 자신의 창씨개명에 대한 양심의 고통을 '참회록'이란 시를 통해 풀어 놓았던 것처럼 나는 이제 설교언어에 대한 나의 반성문을 써야만 한다.

언어는 설교자에게 도구다. 종종 설교문를 기고할 때도 있지만 설교는 본질적으로 회중과 언어와 계시로 구성된다. 최근에는 영상이나 판서, 프리젠테이션을 활용하기도 하지만 결국 설교의 전달은 언어로 이루어진다. 그러므로 마치 시계수리공의 가방에 수많은 수리 도구들이 들어 있는 것처럼 설교자의 가방에는 설교자가 능숙하게 다루는 설교언어가 담겨 있다. 이 설교언어가 사람을 살리기도 하도 죽이기도 한다. 회중은 생명의 설교언어를 경험하기를 바란다. 에스겔이 보았던 성전투어의 마지막 장면은 성전에서 흘러나오는 생명의 물이었다.[07] 성전의 절망이 희망으로 바뀐 것은 다름 아닌 성전 문지방 밑에서 나와 흐르는 물이었다. 이 생명의 물은 더욱 창일해져 마침내는 강을 이루었다. 이 강은 실상 설교언어의 강이며, 이 물을 마시는 것이 기독교 신앙에서는 매우 중요한 모티브를 가진다.[08] 이 물이 강을 이루고, 이 강가에 있는 모든 것은 생명의 충만을 누렸다. 이 생명의 강가에는 치유와 회복과 생명과 결실의 역사가 나타났다.

강단에서 설교가 시작되는 그 순간은 하나님의 역사의 절정이다. 이때 설교자의 입에서 흘러나오는 설교언어는 성령에 붙들려 회중들의 메마른 가슴으로 흘러 들어가는 생명의 물이 되고, 정금처럼 정련되기 위해 강단으로부터 터져 나오는 하나님의 거룩한 불이 된다. 언어의 일상성이 특수성으로 바뀌는 순간이다. 설교자의 강론이 시작되면 회중은 자신들의 모든 언어 행위를 중단하고 오직 보고 듣는 기능만을 가동한다. 근본적으로 설교는 소통이지만 물리적이며 제한된 소통이다. 설교자인 화자에게 말하기를 독점적으로 부여하고 청자인 회중에게는 오직 보고 듣는 것만이 허락된다. 설교의 시작은 회중의 말하기가 중단되고 설교자의 말하기가 시작되는 것으로 이루어진다. 이 화자와 청자의 물리적 규제는 실로 설교의 가장 오묘한 장치이자 질서이다. 이 규제가 해제된다면 설교는 무너지고 설교자는 강단에서 내쳐질 것이며, 설교언어는 바닥에서 밟힐 것이다. 설교가 끝나면 비로소 회중에게 말하기가 허락된다. 마치 사가랴에게 말하는 것이 물리적으로 규제되었던 것과 같다.[09]

하나님은 수백, 혹은 수천, 수만 회중들에게 일시적으로 말하기를 중단시키고 오직 한 명의 설교자에게 말하기를 독점적으로 허락하는 방식으로 설교자의 입술을 사용하신다. 회중은 듣고, 설교자만이 말하는 이 비대칭 방식으로 하나님은 자신의 계시를 설교언어를 통해 전달하신다. 설교자는 그가 경험하고 훈련받고 준비한 모든 것을 이순간 오직 언어라는 형태만을 사용해 설교한다. 설교자는 오직 자신의 가방에서 설교언어만 들고 올라가서, 오직 설교언어라는 단 하나의 무기만을 사용해 진리를 전하는 것이다. 이것이 설교언어가 가지는 자리이며 가치이다. 설교자는 이 지상의 어떤 누구도 누리지 못하는 독점적 지위를 가졌다. 설교자가 하나님으로부터 부여받은 이 지위와 도구에 대한 성찰 없이 설교행위를 마치 밥벌이나 하찮은 직무수행 정도로 여긴다면 그것은 매우 심각한 직무유기이자 일탈이다. 설교자에게 부쳐질 수 있는 모든 불명예스러운 비난을 받아야 마땅하다. 그러나 오늘날 수많은 설교자들은 설교준비는 하지만 설교언어에 대한 반성은 하지 않는다. 이 책은 이 지점에서 출발한다.

강단의 위기

교회의 타락은 강단의 타락과 함께 시작된다. 지금 강단의 위기보다 더한 위기가 있을까? 강단의 절망보다 더한 절망이 있을까? 세상의 모든 것이 무너지고, 부수어지고, 허물어져도 강단만은 살아 있어야 한다. 세상이 아무리 흔들려도 강단은 최후의 일각까지 살아남아야 하는데, 현대의 강단은 경박하다. 경박함을 넘어 겨우 생존을 위한 연명하는 수준에 와 있다. 생명을 잃어버린 설교자들에 의해 사람을 살리는 강단이 매우 오래된 기갈을 맞고 있다.

로이드 존스 역시 강단의 위기에 대한 문제의식을 가지고 있었다. 그는 자신의 책에서 이렇게 말한다.

> 설교자가 강단에 처음 올라설 때부터 그 자리에서 진지한 일이 일어나고 있다는 인상을 주어야 한다는 것입니다. 여러분은 리처드 백스터(Richard Baxter)의 유명한 말을 기억할 것입니다.

> 나는 다시 설교할 기회가 없는 듯이 설교했으며
> 죽어가는 자가 죽어가는 자에게 하듯이 설교했다

저는 이보다 나은 표현을 생각해 낼 수가 없습니다. 여러분은 19세기에 스코틀랜드에 살았던 경건한 사람 로버트 머리 맥체인(Robert Murray McCheyne)에 대한 이야기도 알고 있을 것입니다. 그가 강단에 서면, 첫마디를 꺼내기 전부터 사람들은 조용히 울기 시작했다고 합니다. 왜 그랬을까요? 바로 이 진지함의 요소 때문입니다. 사람들은 그가 모습만 나타내어도 하나님의 존전에서 왔다는 인상을 받았으며, 하나님께서 자신들에게 주시는 메시지를 전해 줄 것이라는 느낌을 받았습니다.[10]

강단이 이렇게 복음의 생명력으로 넘쳐난다면 교회는 희망이 있다. 강단이 희망이다. 설교가 치유책이다.

종교언어의 몰락

어떤 도시를 방문하면 대개 초고층 빌딩숲 사이에 아주 오래된 유적이 남아 있는 경우를 보게 된다. 가령 북경에는 자금성이 있고, 서울에는 경복궁이 있다. 이런 유적은 도시의 역사를 보여주면서 관광코스로 도시의 재정에 기여하고, 또 도시의 이미지를 형성한다. 그러나 냉정하게 생각하면 그런 유적은 대개 몰락의 흔적이다. 민족도, 제국도 몰락한다. 심지어 자연도 몰락한다. 가끔 도시를 개발하다가 엄청난 유적이 발견되기도 한다. 그나마 산성과 집단거주지, 탑, 무덤 등은 비록 쇠락하였더라도 희미한 형태를 남겨 박물관으로 가지만, 사상과 언어는 몰락과 함께 자취를 감춘다. 종교도 몰락한다. 종교의 몰락은 종교언어의 몰락과 운명을 같이 한다.

종교의 쇠퇴현상 가운데 하나가 종교언어의 몰락이다. 종교가 권위를 잃어가면서 종교언어도 권위를 잃어간다. 종교가 쇠락할 때 생존을 위해 더욱 강한 언어를 사용하게 되는데 여기에서 종교언어의 일탈이 발생된다. 북미의 기독교는 TV설교자들의 일탈에서 몰락을 발견한다. 그들이 온라인 매체에서 사용한 종교언어는 매우 현란했지만, 그들의 성적 일탈과 함께 종교언어 역시 치명타를 입었다. 한국도 부흥사들과 교회성장주의자들에 의해 강단이 오염되었다. 입에 올리기도 고통스러운 종교언어들이 한국교회의 이미지를 형성했다. "빤스 목사", "하나님도 까불면 나한데 혼나" 등의 종교언어들이 한국기독교의 견고한 기둥들을 해체하고 있다.

종교언어가 왜 이렇게 타락했을까? 그것은 설교자들이 계시의 좌소에서 이탈했기 때문이다. 강단은 성경의 강단이어야 하는데 성경으로부터 이탈하고, 성경은 그저 거들뿐이다. 그들은 성경이 아니라 자신을 말하기 위해 성경을 이용했다. 또한 성경은 일차적으로는 강단의 언어인데 그들은 성경을 가지고 시장의 언어, 광장의 언어, 투쟁의 언어로 사용했고, 성경은 생명을 살리는 언어가 아닌, 광장에서 시위의 언어가 됨으로써 종교성이 아닌 정치성으로 변질되었다. 광장에서 찬송가를 부르고, 시위 연단에 성경을 흔들어대고, 신성모독적인 언어들을 사용하였다. 그렇게 광장에서 종교언어는 종교와 함께 몰락하고 있었다.

그러나 기독교 신앙은 말씀의 신앙이다. 기독교의 말씀은 살아있는 말씀이다[11]. 신적인 권위와 종교의 고결한 품위를 가지고 있다. 이것이 기독교의 생명력이고, 경쟁력이다. 계시의 해설가로 부름을 받은 자는 이 말씀을 말씀하신 신성에 적합한 언어를 구사하여야 한다. 천상의 말씀이 지상으로 흘러나오는 강단은 거룩하신 하나님의 영이 역사하는 현장이기도 하다. 말씀의 증거자는 성령에 붙들려야 한다. 강단은 세속성으로부터 구별되고 지켜져야 한다. 그러나 강단에서 유행가를 부르고, 욕을 시전하고, 시장언어, 광장의 구호를 외치고, 심지어 신성모독을 일삼는 종교사업가들이 교회를 무너지게 하고 있다.

이런 신성모독의 언어, 시장의 언어를 사용하는 자들은 종교 흥행가일 뿐, 하나님의 종이라 불릴 수 없다. 그런 자들을 추종하고 그런 자들의 집회에 참여하는 자들은 참으로 불행하다. 그들은 슬픈 무지에 갇힌 자들이다. 아울러 성경의 정경성을 인정하지 않고 오류투성이라고 말하는 신학자들과 성경을 단지 1세기의 문화적 측면에서 해석함으로써 그 교훈의 권위를 의심하고 성경을 결함이 있는 책으로 말하는 교수들의 글들을 읽을 때 고통스럽다. 교회여, 다시 성경으로 돌아가 성경을 읽고, 성경의 품격 높은 언어로 설교하고, 생명의 말씀을 사모하자. 한국 교회여, 설교자들이여…

최근 가장 곤혹스럽고 고통스러운 말은 기독교를 '개독교'라고 부르는 것이다. 결코 유쾌한 말은 아니지만 이런 말을 사용하는 사람들의 정서와 오늘 교회가 처한 현실을 생각하면 반박할 말을 찾기도 어렵다. 오죽하면 그렇게까지 말하겠는가? 그러나 이런 언어를 배설하는 것은 기독교에 대한 실망을 과격하게 표현함으로 카타르시스를 얻을 수는 있겠지만 분명히 건강한 것은 아니다.

건강한 지성사회는 자유로운 비판이 허용되는 분위기와 통전적인 역사인식 위에 서서 논의될 상대와 개인에 대해 고유한 역사와 정체성, 고뇌를 이해하고 우정적인 조언과 소망을 피력해주어야 하는 것이다. 나는 나의 종교적 신념이 '개독교'로 불리기를 원하지 않을 뿐 아니라 다른 종교를 가진 분들의 신념도 똑같이 존중받기를 바란다. 비단 종교에서뿐만 아니라 정치인들과 심지어 스포츠 스타와 연예인들까지도 이런 따뜻한 지성사회가 주는 안정감과 동질감 안에서 우리 시대를 살아가게 되기를 바란다.

교회와 강단이 희망을 주지 못하는 사이 우리는 지금 하루에 36명이 자살하는 국가에서 살고 있다. 그들은 어떤 욕을 듣고, 어떤 모욕을 느끼고, 어떤 절망 가운데서 죽어 갔을까? 자살은 혼자 죽어가는 것이다. 우리가 종교를 말하고 정의를 외치는 사이에 그들은 조용히 자신의 생애를 정리하지 않았을까? 아무도 말하려고 하지 않는 우리 시대의 현주소이다.

느리게 가을이 물들고 있다. 살아오면서 왜 좀 더 따뜻하지 못했던가? 왜 좀 더 부드럽지 못했던가? 왜 좀 더 솔직하지 못했던가? 좀 더 좋게 말해주고, 좀 더 너그러울수 있었는데 왜 그러지 못했을까 생각해본다. 개독교라 불리는 것보다 더 수치스러운 것은 아무렇지 않게 아무 생각도 없이 막 사는 것이다.

설교언어의 몰락

설교자에게 주어진 도구는 언어다. 설교자란 말하고, 선포하고, 부르짖는 것이다. 설교자는 결코 신이 아니다. 설교자 자신도 설교언어도 모두 도구에 불과할 뿐, 아론의 싹난 지팡이가 아니다. 설교는 예배에 참석한 회중들에게 정한 시간 동안 허용되는 물리적 소통이다. 회중의 교양은 지교회 설교자의 강론을 기꺼이 들어주는 것이다. 그 가운데는 과격한 시민도 있겠지만, 감사하게도 그는 회중석에 있을 때만큼은 교양을 발휘하고 있는 것이다.

회중들에게 설교언어란 매우 제한적인 요리와 같다. 그의 식당엔 평생 회원권을 지불하고서 겨우 한 끼를 먹으러 오는 구내식당과 같다. 기실 설교언어란 인기 없는 메뉴다. 설교자의 부식창고에는 뻔한 식재료들 뿐이다. 너무 자극적인 양념을 쓸 수도 없고, 검증되지 않은 레시피는 교단의 이단아로 몰릴 위험이 있다. 때로 멋진 음악이나 영상으로 또 기가 막힌 간증으로 잠시 회중의 주의를 교란시킬 수도 있지만 결국은 이 식당을 평생 운영하기엔 그의 설교언어는 늘 위태롭기만 하다.

열 명을 이치에 맞는 말로 설득하는 것은 어려운 일이 아니다. 하지만 백 명을 말로만 설득하기는 어렵고, 천 명을 말로만 설득하는 것은 거의 불가능하다. 만 명 단위의 집단을 장악하려면 말 이외에 반드시 다른 요소가 필요하다. 사람들은 그것을 카리스마라고 부른다. 비언어적 설교언어가 바로 카리스마이다. 비언어적이란 것은 말하지 않아도 말하고 있는 신령한(?) 차원을 의미한다. 어떤 젊은 후임목사가 이렇게 말하는 것을 들었다. "전임목사님은 돌아가셨지만 지금도 말하고 계신다" 매우 의미심장한 말이다. 소천한 전임목사의 카리스마가 살아 있는 것이다.

여기서 설교자의 유혹이 시작된다. 설교자가 비언어적 설교언어에 눈뜨면 종착역은 이단의 교주나 신비주의, 신사도주의자가 된다. 여기에는 방언과 환상과 예언이 난무하고 신화와 거친 확신, 추종자들의 간증이 뒷받침되어 마침내 교회는 삼충천으로 올라가는 것이다. 설교자가 말하지 않고 야릇한(?) 표정을 지으며 비언어를 무기로 사용하기 시작한다면, 회중은 속히 이 허영의 종교시장을 떠나야 한다.

하나님은 설교자에게 천상의 언어가 아닌 땅의 언어, 인간의 언어를 허락하셨다. 그러나 중세 천 년은 천상의 언어가 지배한 시대였다. 천상의 언어는 사제를 거룩으로 이끌지 못했고, 오히려 교회는 더할 수 없이 타락했다. 설교자는 먼저 자신에게 허락된 설교언어의 한계 앞에서 탄식해야 한다.[12] 이것이 바로 모세의 탄식이요 이사야의 탄식이다. 하나님은 자신의 설교언어의 한계를 인식한 자의 입술을 마침내 만져주신다. 소위 대설교자는 이렇게 나온다.

설교언어의 타락

설교자의 타락은 곧 설교언어의 타락이다. 강단에서 타락한 설교언어가 흘러나오는 것을 들을 때 마음이 아프다. 설교단은 가장 정제된 언어가 구사되는 자리다. 그런데 필터를 거치지 않은 언어들이 거침없이 시전된다. 우리시대에 소위 강단 언어의 흑역사를 말하자면 끝이 없다. 이렇게 B급 언어가 아무런 제지도 받지 않고 흘러 넘치면 그 언어에 모두가 감염된다. 십 년, 혹은 이십 년, 장기간 그런 언어에 노출된 회중의 심령은 어떠하겠는가? 이제 막 언어를 배우는 어린아이들과 인격과 가치관이 형성되는 청소년, 청년은 어떻겠는가? 강단의 신비와 능력은 사라지고 만담과 인문학강좌와 개그콘서트만 남는 것이다. 교회를 망치는 것은 늘 설교자들이다.

행동과 언어는 태도와 마음가짐에서 나온다. 한마디로 속에서 나온다. 예수님도 속에서 나오는 것이 사람을 더럽게 한다고 하셨다.[13] 언어의 오염을 말씀하신 것이다. 설교자의 타락은 설교언어의 타락과 궤를 같이 한다. 경외심을 가진 사람은 행동 하나하나에 경건이 깃들어 있다. 필경사들은 성경을 필사하다가 하나님의 이름이 나오면 붓을 씻고 새로 먹을 갈고 기도한 후에 썼다. 그리고 그 먹으로 다른 글을 쓰지 않고 붓을 씻고 새로 썼다. 성경을 읽을 때도 여호와가 나오면 '아도나이(Adonai)'로 읽고 지나갔다. 거칠 것 없이 막말을 하는 설교자에게서 거룩과 경건은 기대할 수 없다. 그 속에서 그 말이 나오기 때문이다.

설교단을 떠나 어슬렁거리고, 손을 주머니에 넣고, 짝다리를 짚고, 머리카락을 이리저리 쓸어 넘기며, 셔츠 바람에 넥타이를 어깨 뒤로 넘기면서 삿대질에, 반말에, 욕에, 저속한 성적 농담과 출처불명의 이야기로 텍스트를 휘저으며 술자리에서나 할 말들을 강단에서 늘어놓는다. 또 설교하다 말고 노래를, 심지어 유행가를 부르고 그러다가는 "제가 무슨 말을 하다가 여기까지 왔죠?" 이런다. 이런 절망이 어디 있는가? 이런 유명한 설교자들과 자리를 함께 한 적이 있는데 사석에서의 언어는 아예 C급이었다. 욕이 아니면 말이 안 될 정도였다. 설교자의 입에서 어떻게 저렇게 욕이 많이 나올까?

가장 심각한 설교언어의 타락은 설교자가 성경을 떠나는 것이다. 성경을 읽지 않고, 성경에 대한 관심을 완전히 잃어버린 경우이다. 생명과 진리의 말씀을 잃어버린 설교자는 비참하다. 성경을 잃어버린 설교자가 붙잡을 수 있는 것은 고작 철학과 문학과 예술 뿐이다. 그에게 본문은 설교를 하기 위한 명목에 불과하다. 설교자가 먼저 본문을 사랑하지 않는다면 그 생명과 영감을 회중에게 전할 수 없기 때문이다.

설교자의 타락은 설교언어에서 시작된다. 강단언어, 목회언어를 세속에 물들지 않게 지켜내야 한다. 고상하지는 못하더라도 저속해서는 안 된다. 교양적이지는 못하더라도 경박해서는 안 된다. 자신을 말씀을 맡은 자로 여긴다면 설교언어를 갈고 닦고 기름쳐야 한다. 더 아름다운 언어를 캐내고 더 풍성한 문장으로 정련해야 한다.

오염된 설교언어

오염된 설교에 대한 심각성을 경고하는 소리를 들을 수 있다. 마르바 던의 책에 담긴 추천사에서 유진 피터슨은 이렇게 말한다.

> 말씀, 모든 말씀은 거룩하다. '하나님이 가라사대…하시고…그대로 되니라'는 말씀과 '말씀이 육신이 되어'라는 말씀은 언어의 기초 기둥이다. 하지만 이렇게 세상을 만든 말씀들과 구원을 이룬 말씀들은 그 뜻이 오염되기 쉽다. 그리스도인들은 언어를 정화하고 단어의 정확성을 유지해야 할 크나큰 책임이 있다. 그 언어와 단어에 참으로 많은 것이 달려 있기 때문이다.[14]

말씀이 언어의 기초이므로 그리스도인들에게는 진리를 담는 그릇인 언어를 사용하는 데 큰 책임이 있다는 말이다.

토마스 롱 역시 "많은 그리스도인들이 위대한 신앙 어휘들을 마치 증조할머니가 쓰시던 은식기처럼, 변색되고 기억에서 잊혀진 채 다락방에 쑤셔 넣어둔 구시대의 유물로 여기는 경우가 많다."[15] 마르바 던은 그의 책에서 우리가 익숙하게 사용하는 기독교의 용어들이 얼마나 함부로 사용되는지를 안타까워하면서 그 말이 지닌 의미를 다시 조명하고 있다.

마르바 던은 이런 일화를 소개한다.

제에에에-기랄! Jeeeeee-sus christ 성경책이 들어 있는 무거운 백팩을 메고 성경공부를 하러 대학교의 학생회관 건물로 이어지는 길디 긴 계단을 오르고 있는데 내 뒤에 있던 한 학생이 그렇게 투덜거렸다. 나는 고개를 돌려 그 학생을 향해 말했다. '내가 사랑하는 분의 이름을 그런 투로 말하지 말았으면 좋겠네요' (그 학생의 표정이 얼마나 험악하던지) 표정만으로 사람을 죽일 수 있다면 난 아마 죽었을 것이다[16]

이런 경험은 우리 모두에게 있을 것이다. 우리 주님의 이름을 모독하는 말이 나의 귀에 들릴 때 아무런 감정선에 변화가 없다면 우리는 그분을 경외하지 않는 것이다.

마르바 던은 『언어의 영성』에서 종교언어가 처한 위험을 효과적으로 경고했다.

> 밤낮으로 틀어놓는 라디오와 텔레비전 때문에 우리는 무감각해지고 게을러지고 주의가 산만해졌고, 또 그 과정에서 지극히 품격이 떨어진 언어와 지극히 과장스러운 언어들이 들어왔기 때문에, 말을 명료하고 정확하고 투명하게 사용할 수 있는 능력이 발휘되는 것을 우리 시대에서는 보기 힘들어졌다.[17]

그녀가 이 책을 쓴지 20년이 지나가는 지금은 이른바 유튜브의 시대를 맞았으니 그 사이에 언어는 얼마나 더 비참하게 뒤틀렸겠는가? 강단에서 말을 함부로 하는 사람들을 보면 시대의 비애를 느낀다.

설교언어의 폭력성

설교자로 살아가면서 설교에서 상처받았다는 이야기 들을 때 고통스럽다. 프란시스코 페레(Ferrer Guardia, Francisco)는 "꽃으로도 때리지 마라"고 했는데 설교로 위로와 치유, 회복은 커녕 회중에게 상처를 주는 것은 설교자에게 가장 가슴 아픈 일이다. 그러나 실제로 강단에서 말씀으로 회중을 때리는(?) 설교폭력을 어렵지 않게 접하게 된다. 설교의 폭력성은 일방적이라는 측면에서, 종교의 옷을 입고 자행된다는 측면에서 여타의 폭력에 비해 더 교묘하고 위선적이다. 또 설교폭력이 한 목회자에 의해 지속적으로 이루어질 때 회중 역시 이런 언어폭력에 익숙해져 그의 일상에서도 언어폭력을 거리낌 없이 사용한다는 점에서 심각하다. 즉 가르침과 모범의 위치에 있는 설교자에 의해 자행되는 설교언어의 폭력성이 회중의 언어사용에까지 영향을 준다는 점이다. 결국 설교언어의 가벼움, 폭력성은 기독교 전체의 저급한 문화를 양산하는 결과로 이어진다.

설교자는 회중의 고통을 헤아려야 한다. 회중은 일방적으로 들어야만 한다는 점에서 이미 고통스럽다. 상식을 넘어선 의미 없이 긴 설교(긴 설교 자체가 잘못은 아니다)는 어떤 의미에서 폭력적이다. 끝까지 앉아서 긴 설교를 들어야 하는 회중의 입장이 되어 본다면 무조건 설교를 길게만 하는 설교자는 자신의 설교를 돌아보아야 한다. 설교자는 듣는 것이 고통이 아니라 즐거움이 되도록[18], 듣는 것이 종교적 강요가 아니라 신자로서 제대로 된 목회적 돌봄을 누리고 있다는 행복감을 느끼도록 해야 한다. 설교준비의 마지막은 자신이 준비한 설교에서 불필요한 부분을 제외하는 것이다. 모든 것이 가하나 모든 것이 유익한 것은 아니다.[19]

설교시에 회중을 향하여 거침없는 반말을 시전하는 설교자를 만나는 것은 회중에게는 가장 큰 재앙이다.[20] 이보다 더 고통스럽고, 이보다 가혹한 폭력은 없을 것이다. 회중은 설교자와 동일한 형제된 자요 함께 수고하는 군사요 그리스도의 몸의 지체이며 가족인데, 설교자라는 미명하에 강단에서 아랫사람들에게 훈시하듯 강론하는 것은 설교의 자리를 벗어나 설교폭력을 행하는 것이다. 동시에 자신이 강론하는 성경의 위엄과 고상한 가치를 시장의 언어로 수욕을 보이는 것이요 자신을 설교자로 부르신 하나님의 소명을 비웃는 행위이다. 설교자의 설교폭력이 어떤 제지없이 지속된다는 것은 상상조차 할 수 없는 일이다. 강단의 폭력범은 현장에서 제압해야 한다. 이 교회의 시무장로는 당회에서 이 문제를 신중하게 제기해야 하고 거룩한 강단을 폭력으로부터 지켜내야 한다.

설교본문을 떠나 삼천포로 빠지는 설교자 역시 설교의 규범에 익숙한 회중을 고통스럽게 한다. 회중은 설교자가 본문에 충실하여 설교하길 원한다. 설교자가 말하는 것에 달인이라면, 회중은 듣는 것에 달인이다. 첫마디만 들어도 설교가 잘 준비되었는지, 어떻게 전개될지 안다. 준비되지 못한 설교자가 동일한 예화를 반복할 때 회중의 절망 또한 반복된다. 말씀을 간절히 사모하는 회중에게는 더욱 고통의 순간이다.

설교시에 성적인 언행을 아무렇지도 않게 늘어놓아 얼굴을 붉히게 만드는 설교자, 설교시에 특정한 정치적 발언을 늘어놓아 예배시간을 뉴스시간으로 만드는 설교자, 설교를 자기 자랑의 시간으로 삼는 설교자, 본인의 감정이 설교에 그대로 드러나는 설교자, 특정 신자를 거명하여 무참히 짓밟는 설교자, 설교시에 교회청소상태나, 강단에 물이 없다는 둥, 강단 의자에 먼지가 많다는 둥, 교인들이 인사를 잘하지 않는다는 둥 훈시자로 변신하는 설교자, 모두가 강단의 폭력이요 설교의 폭력이다.

이 강단의 망나니를 어떻게 할 것인가? 해돈 로빈슨은 주님께서 강단을 그냥 방치하시지 않을 것이라고 말한다. 그는 "어떤 사람들은 설교자가 강단에서 마음 먹은대로 설교한다고 생각할지 모르지만 그렇지 않다. 설교자는 결코 강단의 폭군이 될 수 없다. 왜냐하면 강단이 그 자신의 것이 아니기 때문이다." 강단은 전적으로 주님의 것이며, 그분은 자신의 강단에서 설교자의 입을 통하여 자신의 백성들에게 말씀하신다. 그분은 자신의 강단이 더럽혀지고 지속적으로 강단이 세속적인 동기에 의해서 오염될 때 자신의 강단을 정화하실 것이다.

이어서 해돈 로빈슨은 강단의 위험성에 대해 구체적으로 말한다. 교회의 강단과 설교자를 위해 기도해야 할 이유가 여기에 있다.

> 나는 누군가에게 깊은 상처를 받은 후 설교한 적이 있다. 나는 감정을 적절히 다스리지 못했으므로, 나도 모르게 나의 분노를 설교에서 그대로 표출했다. 나중에 교인들

은 내게 찾아와 무슨 일이 있느냐고 묻기까지 했다. 내 목소리에서 분노를 읽었던 것이다. 설교자가 자기 자신에게 설교하기 위한 수단으로 회중을 이용하면 문제가 생길 수 있다. 한 목사가 포르노를 멀리하라고 설교를 열정적으로 했다. 그런데 나중에 알고 보니 목사 자신이 포르노에 빠져 있었다.

또 어떤 이는 한 교회에서 몇몇 교인을 바로잡아야겠다고 결심했고, 그렇게 하기 위해 강단을 이용하려 했다. 그러나 하나님은 그때마다 그를 막으셨다. 그가 이들을 책망하려 할 때마다 이들은 주일예배에 나오지 않았다. 그는 마침내 깨달았다. 하나님은 자신이 그들을 책망하길 원하시는 게 아니라 그들을 사랑하고 그들의 발을 씻어주길 원하신다는 것이었다. 나쁜 연료를 태울 때 나타날 수 있는 가장 위험한 결과는 반감이 형성되는 것이다. 설교에 대한 열정을 불태울 바른 연료를 어디에서 구할 수 있는가? 열정적인 설교를 위한 깨끗한 연료는 하나님 나라의 발전을 보려는 것이다.[21]

해돈 로빈슨을 이것을 가리켜 "표준이 아니라 이상을 설교하는 것"이라고 말한다.[22]

천박한 수사

2014년 세월호 사건 당시 일부 한국교회 목회자들이 강단에서 "미개하다"는 등 피해자와 그 가족들에게 상처를 주는 천박한 수사(修辭)를 사용하여 국민들을 실망케 한 일화들이 더러 있었다. 정말이지 목회자들의 막말은 한국교회의 골치거리가 되어버렸다. 중세대학에서 가장 중요한 3과는 문법, 논리학, 수사학이었다. 이 3과는 지도자와 학자의 기본이다. 문법, 논리학, 수사학은 결국 글쓰기와 말하기(연설, 설교)로 나타나게 된다.

레토릭(Rhetoric), 즉 수사학은 B.C 5세기경 시라쿠사 코락스에게서 시작되어 키케로에 와서 절정을 이룬다. 아리스토텔레스는 삼단논법을 만들어냈고 그의 제자 테오프라스토스는 수사학의 네 가지 자질로 순수함, 명백함, 적절함, 문식을 들면서 적절한 문체의 사용, 고상한 어법, 품위있는 낱말의 배치를 주장했다. 지도자에게 말하는 것은 매우 중요하다. 모세마저 레토닉에 자신이 없어 지도자가 될 수 없다고 하지 않았던가! 말을 제대로 못 하는 리더는 팔로워들에게 고통을 안겨준다. 윈스턴 처칠, 마틴 루터 킹, 마거릿 대처, 조지 부시 등은 정치 연설에서 신화의 메타포로 국민과 소통했다. 빌 클린턴과 토니 블레어는 자신들의 민주이념을 이미지와 확신의 수사학으로 국민들에게 전했다. 처칠은 영웅적 전사들에게서 영국의 신화를 이끌어낸다. 영국은 전사, 독일은 악인 혹은 괴물로 묘사했고, 프랑스는 순수한 희생양이라고 언급했다. 클린턴은 이미지를 만들고 회복하는 수단으로 수사학을 종종 사용했다.

말하기가 제대로 준비되지 않는 지도자는 연설할 때마다 청중에게 테러를 자행하는 것이다. 은혜받는 것은 고사하고 사고치지 않을까 두려운 지경이다. 세월호를 겪으면서 정치인들에게서 막말 릴레이가 전개될 때도 정말 그나마 감사(?)했던 이유는 목사님들이 조용히 계셔주었기 때문이었는데, 그러나 결국 우리를 실망(?)시키지 않았다.

미디어와 SNS가 발전한 지금, 목회자들은 유리상자 속에 들어 있다. 어떤 형태의 글이나 인터뷰, 구역장 회의에서 한 말이나 심지어 동네 커피숍에서 한 말도 하루 만에 전 세계에 퍼지는 세상이다. SNS에서도 지나치게 천박한 말, 쌍욕을 사용하거나 그런 언어적 테러를 용기로 생각하는 인사들, 그리고 동조하는 사람들을 본다. 그것마저 표현의 자유라면 더 이상 할 말이 없다. 또 자기주장에 집착하여 다양한 목소리에 저주를 퍼붓는 것도 모두 오늘 우리들의 자화상이요 현재이다. 결국은 겸손해지는 것 밖에는 답이 없다. 그리고 공식적인 자리에서는 즉흥연설이 아닌 잘 준비된 원고를 중심으로 설교를 하고 말을 해야 한다. 제대로 말할 수 없다면 지도자가 되지 말아야 한다. 삶이 팍팍한 팔로워들에게 언어 폭력과 실망스러운 수사로 고통을 주는 리더가 되지 말아야 한다.

설교자의 도적질

칼뱅은 기독교 강요에서 제8계명을 해석하며 도적질하는 것을 하나님의 분배를 훼손하는 것으로 설명한다. 각 사람의 재물은 우연이 아니라 하나님의 분배에 의해서 생긴 것이며, 폭력이나 사기나 간사함으로 타인의 재물을 훔치는 것은 바로 하나님의 분배를 훼손하는 것이라고 한다. 여기에 덧붙여 칼뱅은 징세관이나, 소작인이나 임차인이 주인의 재산을 맡아 탕진하거나 허비하는 것, 즉 직무를 다하지 않는 것도 8계명 도적질의 범위에 넣고 있다.[23] 이것은 소유를 하나님의 분배로 보았던 것처럼 직무를 하나님의 소명의 차원에서 보는 것이다.

이런 논지를 확장시켜 칼뱅은 목사에게 적용될 8계명을 말한다. 교회의 목사들은 구원의 교리를 조금도 오염시키지 않고 그 순수성을 유지함으로써 하나님의 말씀을 신실하게 전해야 한다. 그리고 그들의 백성을 바른 교리로 가르쳐야 하고 또 삶의 모범을 보여야 한다. 양떼의 선한목자가 되어 이끌어야 한다.[24] 그렇지 않다면 직무를 도적질하고 탕진하며, 허비하는 것이다. 하나님의 부르심을 우스게로 만드는 것이다.

우리교회에서는 봄과 가을에 40일 특새를 진행한다. 봄에 구약특강으로 40일을 진행하고 가을은 신약특강으로 진행중인데, 성경을 강론할 때가 제일 행복하고 뿌듯하다. 사도들이 말씀 전하는 것과 기도하는 일에 전무하리라고 한 말이 얼마나 복된 지침서인가! 가르치는 일은 봉사(디아코니아, diakoia)다. 이 말은 심부름하다(디아코우, diakw)에서 유래한 말이다. 설교자는 말씀의 심부름꾼이다. 이 직무에 태만한 것은 곧 8계명을 어기는 것이다.

목사의 직무는 성경을 가르치고 성경대로 사는 것이다. 참으로 무거운 직무이지만, 이를 위해서 부르셨으니 이 직무를 즐거움으로 알고 봉직해야 한다. 목사는 이 직무에서 벗어난 다른 일은(사도들은 심지어 구제마저도 "구제를 일삼는다"고 표현했다)[25] 최대한 지양하고 가장 중요한 직무에 충실해야 한다. 이 직무를 다 감당하기도 벅찬데 다른 일에 몰두하는 것은 정직하지 못한 일이다. 그래서 목사를 지역교회에 봉직하는 말씀의 청지기요 교회의 교사라 부르는 것이다.

목사는 자기 강단을 지켜야 한다. 선배들은 강단을 떠나는 것을 끔찍하게 여겼다. 강단을 지킨다는 것은 단순히 설교를 독점한다는 것이 아니라, 말씀봉사의 직무에 목숨을 건다는 뜻이다. 목사는 말씀을 연구하고 묵상하고 설교할 때 가장 목사답다. 칼뱅의 조언과 같이 바른 교리를 전해야 한다. 목사가 성경을 믿지 않는 것, 바른 교리를 전하지 않는 것, 엉뚱한 이야기를 하는 것은 매우 부끄러운 일이다. 목사는 강단에서는 성경을 강론하고 강단에 내려와서는 강론대로 사는 사람이다. 이 직무를 족하게 여기고 이 직무에 충성되어야 한다.

프레드 B. 크레독은 오늘날은 언어의 위기(language crisis)시

대이며 이 위기는 곧 설교의 위기로 이어지고 있다고 평가한
다. 그는 그 원인으로 첫째, 설교자가 말씀의 본질과 의미를
충분히 이해하지 못하고 설교언어를 나눌 때 회중석은 곧 슬
럼가가 되고 침묵 가운데 당황하게 되며, 둘째로 종교언어가
신뢰를 잃어버린 차원을 넘어 설교언어가 경멸을 받아 설교
는 뱀이 기어가듯 느리게 진행되고 회중은 케케묵은 소리에
지쳐버리기 때문이라고 말한다.

크레독은 설교의 위기를 언급하면서도 설교는 여전히 유일
한 하나님의 대안이며 이는 설교자와 설교의 갱신을 통해 가
능하다고 설득한다.[26] 그렇기 때문에 설교자들은 자신의 유
일한 도구인 설교언어가 살아 있는지 죽어가는지에 관심을
가져야 한다.

설교에서의 매춘행위

마틴 로이드 존스는 설교에서 소위 '기술'이 끼어드는 것을 혐
오하며 재미있는 예화를 주제별로 모아두는 것을 최악의 직
업주의, 매춘부의 기교라고 깎아내린다. 그는 더 최악은 그런

예화나 예증거리를 얻기 위해 설교집을 사 모으는 것이라고 말한다. 로이드 존스는 설교에서 예화나 예증은 단지 진리를 더 잘 설명하기 위한 것으로 그 자체가 목표가 아니라고 말한다. 또한 그것들을 남발하는 것은 듣는 자의 정욕에 영합하는 것이라고 말하면서 이런 현상이 지난 100년간 설교의 쇠퇴를 불러온 요인 중에 하나라고 말한다. 설교자는 진리를 부각시키고 예화는 보조적인 위치에 두어야 한다.[27]

설교는 하나님의 시간이지 설교자의 시간이 아니다. 설교자가 자신의 시간으로 삼으려고 하면 거기에 기술과 기교가 들어간다. 더 돋보이기 위해 더 자극적인 도구들이 사용되기 시작하면 설교는 강연과 연설이 된다. 설교는 그분의 말씀으로 그분의 영으로 완성되는 것이며 설교자는 단지 도구에 불과하다.

스타벅스처럼 설교하지 말라!

세상은 구원자를 감추고 싶어 한다. 이미 오래전부터 서구에서는 Christmas 대신 Holiday라고 부르기 시작했다. Christ

라는 말을 의도적으로 쓰지 않으려는 것이다. 성탄시즌에 판매하는 종이커피컵에도 'merry Christmas!'가 아니라 'Carry the merry!'라고 적혀있다. 그렇게도 Christ를 감추고 싶은가! 참 안타깝다.

설교자들은 무엇보다 이 땅에 오신 하나님, 이 땅에 오신 구원자를 정확히 설교해야 한다. 왜 오셔야 했는지, 누구를 위해 오셔서 어떻게 사셨고, 무엇을 외치시고, 왜 죽으시고 승리하셨는지를 물타지 말고 설교해야 한다. 스타벅스처럼 설교해서는 안 된다.

마치 천식환자처럼 설교하라

존 스토트는 『설교자란 무엇인가』에서 아버지의 온유함과 사랑으로 설교하라고 한다.

> 종속절이 주렁주렁 화려하게 달린 구문은 펜으로 쓰기에는 적합할지 모르나, 설교단에서는 어울리지 않는다. 구어에서는 쉼표가 아니라 잠깐의 침묵이 통한다. 딱딱 끊어지

는 스타카토 스타일이 최고다. 라일 주교는 '마치 천식환자
인 양 설교하라'고 조언했다. 단순한 주제에 단순한 스타일
에 단순한 언어를 더하라. 마치 사전을 통째로 삼킨 듯 말하
면 요점이 없어진다. 풍성한 어휘를 동원하면서도 난해하
지 않을 수 있다.[28]

설교자가 자신의 설교가 결코 완벽하지 않다는 사실을 인정
하고 받아들일 때, 새로운 설교의 길이 열린다. 성령께 도우
심을 구하게 되고, 회중을 지배하고 압도하는 설교가 아니라
회중을 설득하고 자신의 부족을 아시지만 부르셔서 강단에
세우시는 하나님의 소환 앞에 말씀의 종으로 서게 되는 것이
다. 칼뱅은 신지식을 다루면서 성령의 직무를 논하기를 "성
령의 직무란 이전에 몰랐던 새로운 계시를 생각해 낸다거나
새로운 이론을 만들어 내어 한 번 받아들인 복음의 교훈에서
멀어지게 하는 일이 아니라, 복음이 우리에게 준 교훈을 우리
마음에 새기고 확증하는 것이다"라고 한다.[29] 기독교 강요의
제1장 신지식을 읽을 때마다 마음이 위로받고 뜨거워진다.

구약에 대표적으로 언변에 부족한 자는 "모세"였다. 신약에
대표적으로 말에 졸한 자는 "바울"이었다. 이들이 어떻게 쓰
임 받았는지는 굳이 설명할 필요가 없다. 청산유수처럼 달변

가가 되는 것이 우리의 목표가 아니다. 설교자란 강단에서 부들부들 떨면서 생명과 진리의 말씀을, 의와 진리와 장차 있을 심판을 강론하는 자이다. 설교자가 너무 매끄럽게 설교하면 오히려 어색하게 느껴지기도 한다. 설교기술자가 아니라 성령께 붙들린 설교자가 되고 싶다.

2 설교언어의 정련(精錬)

장인들, 마에스트로의 손을 거치면 범인들은 상상할 수 없는
스케일과 디테일이 나온다. 번뜩이는 천재성, 혀를 내두르는
섬세함과 고도로 정교한 기술, 그리고 균형을 지닌 예술이 탄
생되는 것이다. 몇 해 전 치과치료를 받으면서 더 나은 치료를
위해 미학을 공부하고 있다는 이야기를 의사에게서 들었다.
나를 치료해준 의사는 도무지 돈에는 관심이 없는 듯 귀찮을
정도로 본을 뜨고 바꾸기를 수 없이 했다.

놀랍게도 그의 입에서 이런 말이 나왔다. "저는 기술에는 자
신이 있는데 부족한 심미안을 끌어올리기 위해 요즘 미학

(aesthetics)을 공부하고 있습니다." 고통스러운 치과치료를 받으면서 베드에 누워 있는데 이 말을 들으면서 눈물이 났다. 저 치과의사도 저렇게 공부하는데 나는 내가 전하는 진리를 위해 무엇을 하고 있나 하는 탄식이 나왔다.

회중들에게 설교는 밥이다. 매일 먹는 밥이다. 회중은 더 먹을 수도 덜 먹을 수도 없고, 그야말로 주는 대로 먹어야 하는 입장이다. 그러므로 목사의 사역 가운데 설교는 최고의 직업정신(?)이 반영되어야 할 분야이다. 자신의 정체성을 직업이 아닌 소명이라고 당당하게 말하는 설교자들에게는 더더욱 설교는 신자들에게 베풀 수 있는 최상의 선행이자 그들의 신앙에 대한 예의다. 그러므로 설교자는 자신의 설교를 끌어 올려야 하고, 언어를 정련(精鍊)해야 한다. 설교가 소음이 아니라 생명과 위로와 치유가 되도록 설교언어를 칠 배나 뜨거운 풀무에 던져야 한다.

설교자의 언어는 에스겔이 경험했던 수르숨 코르다(sursum corda)[30]를 경험해야 한다. 설교자의 언어는 경건생활을 통한 발효와 천상적 숙성과정을 거쳐 성령의 개입을 통해 발설되어져야 한다. 다니엘은 갈대아의 언어를 습득하는 과정에서 고도로 절제된 생활을 하였다. 다윗의 시편언어도 숲과 황무지와 황야에서 절대자를 독대하며 고난의 생활을 통해 정련되었다. 베드로의 부흥설교도 위로부터 입혀진 능력을 통해 그의 설교언어가 갱신되었다. 사도바울 역시 철학적 언어와 끝없는 변론을 버리고 오직 가장 고상한 지식의 가치를 알았을 때 사람을 살리는 생명의 언어를 구사하게 되었다.

자신의 설교언어가 자라지 못하면 설교자는 목회에서 낙오한다. 자신의 지위와 목회의 규모에 언어가 따라가지 못하면 그것은 결격이 되고, 그런 언어결핍은 회중들과 결별의 원인이 된다. 더 높은 곳, 더 중한 자리만을 탐낼 것이 아니라 자신의 언어를 끌어 올려야 한다.

목회자의 언어상승은 단순히 말의 기교나 기술만을 의미하지는 않는다. 말은 최종적인 결과일 뿐이다. 한 마디의 말이 나오기까지 보이지 않는 경건과 인격, 자기부인과 연단이 있는 것이다. 목회적, 사회적 비중이 약한 때에는 문제가 없던 지도자들이 목회 사역의 규모가 커진 후 낙마하는 이유는 언어의 정련이 이루어지지 않았기 때문이다.

설교자는 언어의 정련을 위해 더 깊은 골방으로 들어가야 하고, 서재에서 더 씨름하며, 더 많이 듣고, 더 천천히 말하고, 언어의 파악에서 심령과 내면을 파악하는 타자에 대한 높은 이해와 배려를 배워야 한다. 이렇게 정련된 설교언어는 가루 서말을 부풀게 한다. 죽어가는 회중을 살리고, 쓰러지는 가정과 교회를 일으킬 것이다. 그러나 싸돌아 다니면서 못된 것만 배우고, 나쁜 언어만 배우면 결국 기로바꾸스가 되고 사라바이딴 같은 떠돌이 수도사들이 되는 것이다.[31]

꽃피는 강단

주일강단에서 적절한 유머의 사용은 지난 한 주간 끝없는 광야를 지나온 회중들의 지친 얼굴에 아름다운 미소를 떠오르게 한다. 회중을 노려보면서 처음부터 집중포화를 퍼부을 것인가? 아니면 비탄에 빠진 그분의 백성들을 위로할 것인가?

존 오토버그는 설교에서 유머를 사용하는 이유를 의사가 마취제를 사용하는 이유와 같다고 밝혔다. 청중을 잠재우는 것이 목적이 아니라, 그들이 받아들여야 할 고통스런 사실을 받아들일 수 있도록 하기 위해서다. 회중은 어려운 현실에 대해 방어 심리를 갖지만, 유머를 사용하면 거부하는 자세나 자동적으로 방어하려는 태도를 넘어 진리를 받아들일 수 있게 해준다. 유머만큼 어색한 분위기를 극복하고, 사람들 사이에 벽을 무너뜨리며, 청중으로 하여금 순응적인 태도를 유발시키는 윤활유란 없다.[32]

한편 로이드 존스는 지나친 예화, 유머의 사용을 설교의 매춘행위라고까지 비판한다. 설교시간에 약을 팔고, 회중을 겁박하고, 유행가를 부르고, 돈을 걷는 것은 뒷골목의 사나이가 되는 것이다. 아무런 준비 없는 설교, 맥빠진 설교, 표절에 삼탕 사탕 우려먹는 설교는 부정한 종교공무원이나 하는 짓이다. 설교자는 강단에 올라갈 때 자신이 신이 아니며 인간이라는 사실과, 회중들 역시 학생들이나 끌려온 포로들이 아니라는 사실을 기억해야 한다. 내일은 봄날처럼 꽃피는 강단이 되기를 소망한다.

초록지붕 집 같은 교회

"저 집이죠? 맞죠?"
아이는 손가락으로 가리키며 말했다.
매슈는 기분좋게 말 등을 고삐로 찰썩 쳤다.
"그래 맞았구나! 스펜스부인이 말해 줘서 알아본 게로구나"
"아니에요. 초록지붕이 어떻게 생겼는지 몰랐어요.
그런데 보자마자 저기가 우리 집이란 생각이 들었어요"
주기도를 외운 후 앤은
"넌 초록지붕 집의 앤이야"[33]

지난 성탄 설교를 듣고 집사님께서 앤의 컵을 보내오셨다. 교회가 앤 셜리의 초록지붕 집 같은 교회가 되었으면 좋겠다고, 목사님과 장로님들이 매슈와 같고 권사님들이 마릴라와 같으면 좋겠다고 설교했었다.

앤은 너무도 밝고 상상력이 풍부하고 수다쟁이인데 매슈와 마릴라의 사랑을 받으면서 숙녀로 성장하게 됩니다. 제가 이 책에서 인상 깊었던 것은 매슈와 마릴라가 앤을 자신의 딸처럼 사랑하는 모습입니다. 기도를 가르치고, 예절을 가르치고, 주일학교에 보내고, 함께 교회에 갑니다. 또 교회목사님이 앤을 목사관으로 초대하기도 하고, 매슈와 마릴라의 집으로 목사님이 심방을 오기도 합니다. 앤과 다이애나, 그리고 길버트와의 우정과 사랑도 참으로 아름답습니다. 이제 앤이 성장해서 대학에 진학할 때가 됩니다. 앤이 퀸스입 시준비반에서 공부할 즈음에 매슈와 마릴라가 이렇게 말합니다.

"그런 문제라면 걱정할 필요가 없다. 오라버니와 내가 널 키우기로 했을 때, 우리가 할 수 있는 만큼 다해주고 교육도 부족함 없이 받게 하겠다고 마음먹었단다. 오라버니와 내가 여기 있는 한 초록 지붕 집은 언제까지나 너의 집이란다"

앤은 초록지붕 집에서 사는 것을 행복하게 생각했다. 거기에는 매슈와 마릴라의 사랑이 있었기 때문이다. 모든 성도님의 집이 초록지붕 집이었으면 좋겠다고 생각한다. 우리교회도 아이들에게, 그리고 모든 사람에게 초록지붕 집과 같은 교회가 되면 좋겠다. 우리 모두가 매슈와 같이 마릴라와 같이 아이들을 사랑하고, 이웃을 사랑하고, 하나님을 섬기며 살아갔으면 좋겠다.

그거 성경 한 구절만도 못해

가난한 내가
아름다운 나타샤를 사랑해서
오늘밤은 푹푹 눈이 나린다
나타샤를 사랑은 하고
눈은 푹푹 날리고

나타샤와 나는
눈이 푹푹 쌓이는 밤 흰 당나귀 타고
산골로 가자 출출이 우는 깊은 산골로 가 마가리에 살자
눈은 푹푹 나리고
나는 나타샤를 생각하고
나타샤가 아니 올 리 없다

눈은 푹푹 나리고
아름다운 나타샤는 나를 사랑하고
어데서 흰 당나귀도 오늘밤이 좋아서 응앙응앙 울 것이다[34]

백석은 1995년 북한에서 쓸쓸히 죽어갔다. 개화기 사진기술을 가진 아버지와 단양군수의 딸이었던 어머니에게서 태어났고, 가까운 안동에서 안동세관 세무공무원 생활을 하기도 하였다. 그러나 재북시인이라는 그의 북한체류이력이 그의 시를 감금하였고, 국내에는 겨우 1997년부터 그의 시가 소개

되었다. 백석은 노천명의 사랑을 받아 '모가지가 길어서 슬픈 짐승'으로 노래되기도 했고 길상사를 법정에게 헌납한 김영한을 사랑하기도 했다. 시에 등장하는 나타샤는 김영한으로 여겨진다. 눈 오는 겨울 밤, 백석은 만주에서 연인을 생각하며 긴 밤을 보낸다. 시세가 천 억이 넘는 길상사를 법정에게 시주하면서 아깝지 않으냐는 기자들의 말에 김영한은 '그거 그 사람(백석) 시 한 줄만도 못해'라고 말했다고 한다. 그리고 그녀는 『백석, 내 가슴속에 지워지지 않는 이름』이라는 회고록을 내기도 했다.

백석의 시 세계를 다 알 길은 없지만, 그의 대표작인 이 시와 관련된 사연들을 생각할 때마다 진정한 지식과 사랑의 힘에 대해 생각해보게 된다. 만일 내가 오늘이라도 그리스도를 아는 지식에 이른다면 나도 이 세상의 모든 것을 '그거 성경 한 구절만도 못해'라고 말할 수 있지 않겠는가? 또 참 사람은 친구를 위하여 목숨을 내놓은 것이라고 하는데 나도 갈릴리의 친구를 위하여 내 목숨도 내놓을 수 있지 않겠는가?

백석은 해방되어 고향 정주로 돌아와 고당 조만식의 비서가 되지만 1938년 이후는 숙청되어 잊혀진다. 만주에서 나타샤를 그리워하던 그가 고향 정주에서와 평양 부벽루에서 어떤 모습으로 늙어가고 죽어갔을까도 생각해본다. 나타샤를 사랑했던 백석과 백석의 천재적인 시 세계를 이해했던 김영한을 생각하면서 나는 과연 무엇을 사랑하고 그리워하고 있는지, 나는 과연 세상 모든 것과도 맞바꿀 말씀 한 구절을 가지고 있는지 되돌아본다.

성산포에서는 바다가 설교를 한다

유난히도 폭설과 한파로 얼룩졌던 겨울이어서일까 봄의 소식이 그립다. 육지가 이렇게 꽁꽁 얼었을 때 바다는 어떨까? 겨울 내내 한라산 산행이야기와 제주 이야기를 하며 지냈다. 아이젠을 꼭 착용해야 한다는 둥, 설경에 넋을 잃게 된다는 둥, 이야기는 한 걸음 더 나아가 아예 낚싯배를 타고 방어잡이까지 나섰다. 그렇게 이야기 하는 중에도 도시인들의 몸은 콘크리트냄새 나는 도회의 한 구석에서 매연으로 호흡하고 있었다. 그런데 문득 성산봉이 생각났다. 한라산에 비하면 성산봉은 아주 작은 화산크레이터일 뿐이다. 나지막하게 자리잡은 정겨운 포구 성산포도 생각이 났다. 어쩌면 겨울 내내 한라산을 이야기하면서도 내 마음의 스케치북에는 성산봉을 그리고 있었는지도 모를 일이다.

그리운 바다 성산포

아침 여섯시 어느 동쪽에도 그만한 태양은 솟는 법인데
유독 성산포에서만 해가 솟는다고 부산피운다
아침 여섯시 태양은 수 만 개 유독 성산포에서만
해가 솟는 것으로 착각하는 것은 무슨 이유인가
나와서 해를 보라~하나밖에 없다고 착각해온 해를 보라

나는 내 말만 하고 바다는 제말만 하며
술은 내가 마시는데 취하긴 바다가 취하고
성산포에서는 바다가 술에 더 약하다

맨 먼저 나는 수평선에 눈을 베었다
그리고 워럭 달려든 파도에 귀를 찢기고
그래도 할 말이 있느냐고 묻는다[35]

"성산포에서는 설교를 바다가 하고 목사는 바다를 듣는다."
최근 교단과 교계를 우울하게 하는 소식들이 들려올 때마다
제주 생각이 났다. 왜일까? 오늘의 설교와 강단이, 오늘의 교
회와 삶이 비틀려서일까? 오늘 교회와 지도자들의 일탈은 맥

케인의 표현으로 하자면 '음산한 상징언어'들이다. 에스겔이 성전구멍을 통해서 본 충격적 장면이다. 그런데 그게 속살이고 맨얼굴인 것이다. 암울한 소식이 들려올 때마다 그 섬에 가고 싶었다. 이제 설교를 바다가 하게 하고 산이 하게 하면 좋겠다. 목사는 주보나 접으면 좋겠다.

이생진은 섬시인으로 불린다. 1929년 서산에서 태어났고 김현승의 추천으로 등단한다. 그는 해마다 여름이면 시집과 화첩을 들고 섬으로 돌아다녔다. 안면도, 황도, 덕적도, 용유도, 완도, 신지도, 고금도, 진도, 흑산도, 홍도, 거제도, 내나라도, 외나라도, 쑥섬, 거문도, 그는 보고, 화첩에 담고, 그리고, 시가 되었다고 자전적 고백을 한다. 그래서 그의 시는 투명이다. 그의 시는 맑고 깨끗해서 숨길 것이 없다. 생각해본다. 나의 설교가 바다를 닮고 섬을 닮았으면 좋겠다. 나의 기도가 산을 닮고 절벽 아래서 피어나는 진달래를 닮았으면 좋겠다. 어쩌다 흙과 물만 오염된 것이 아니라 설교와 기도마저 오염되었을꼬! 배낭을 꾸린다. 제주에 다녀와야겠다. 성산포 앞바다에 서서 지평선에 내 눈이 베이고 출렁이는 파도에 귀가 찢기고 싶다. 그리고 바다가 들려주는 설교를 듣고 싶다.

나는 살림을 축내지는 않았단다

"나는 이 집에 시집와서 살림을 축내지는 않았단다." 햇빛이 따뜻한 설날이다. 영상 18-19도면 따뜻한 설날이다. 예배를 드리고, 세배를 하고, 부모님의 덕담시간에 자친께서 살아온 날들에 감사한다고 하시면서 하신 말씀 한 자락이 마음에 남는다. 어머니는 제법 넉넉한 집에서 성장하셨다. 맏이셨지만 여성들이 교육받는 것에 대한 이해가 없던 시대였다. 힘든 시집에 역시 맏며느리로 오셔서 힘든 살림을 사셨다. 어느 해인가는 농사가 지독한 흉년이 들어 나락도, 보리도 한 톨 거두지 못해서 산에서 도토리를 주운 것으로 일 년을 그렇게 드셨다고 하셨다. 그러나 부모님들은 조부모를 평생 모셨고, 고향을 지켰고, 옥답을 가꾸시고, 육남매를 장성시키셨다. 살림을 축내지 않은 인생, 충성된 청지기의 인생을 살아내셨다.

나는 그분의 집 사환으로 살림을 축낸 불의한 종은 아닌지 생각해보았다. 7번 국도 강구항 근처 까페에서 멍하니 바다를 보며 생각에 잠겼다. 칼뱅의 8계명 해석처럼 직무에 게으른 자는 도둑이다. 자신의 고용자에게 불의한 것이다. 나는 자는 것을 좋아한다. 이상적인 숙면, 완전한 숙면, 이런데 관심이 많고 자는 것을 낭비로 생각지 않는다. 잘 잔다. 누우면 3분 내에 잠든다. 이것이 내게 늘 에너지가 되고 위로가 되었다. 그러나 작년, 그리고 올해 이것이 깨졌다. 불면의 고통이 시작된 것이다. 충분히 자고 거뜬히 일어나 소처럼 일하고 싶다. 묵묵히 태양 아래서 하루 종일 밭을 갈고 싶다. 더 고상한 것을 바라지 않는다. 더 큰 이상을 이루려는 것도 아니다. 단지 잘 자고 열심히 일하고 싶다.

매년 이렇게 한 살이 늘어난다. 부모는 늙으시고 자식들은 말처럼 자랐다. 청년도 아닌 중년, 그러나 노년이 멀리서 손짓한다. 해는 중천에 떴지만 서산으로 곧장 향할 것이다. 이 지점에서 지혜가 요청된다. 인생을 과락하지 않고 하나님 앞에서 부끄럽지 않은 평점을 받기 위해 신경을 곤두세워야 한다. 돈을 주고서라도 지혜를 사야한다. 그런데 오십 중반에도 지혜가 없으니 탄식이 나온다. 현자를 만나서라도 지혜를 얻고 싶다. 참으로 일신우일신하여 남은 생애를 어리석게 낭비하고 싶지 않다. 낡은 고집과 편견, 소심함을 떨치고 분연히 용기를 발휘하고 싶다. 공도의 삼락에 도달하고 잠언의 현자에 이르기까지 정진하리라.

지난번 본문에 이어서[36]

장 칼뱅은 1536년부터 제네바교회 목사로 설교했지만 곧 추방을 당한다. 그리고 3년 후 다시 자신이 쫓겨났던 제네바의 강단으로 돌아온다. 1541년 9월 13일의 제네바 시의회록은 개혁자의 귀환을 이렇게 기록하고 있다.

> '장 칼뱅, 복음의 사역자, 이 사람은 스트라스부르에서부터 이곳에 도착했는데, 스트라스부르 사람들과 목사들의 편지와 바젤 목사들의 편지를 가지고 왔다. 이 편지들이 낭독되었고, 그 후에 그가 자기가 늦게 온 것에 대한 약간의 변명과 사과를 했다. 그리고 그는 교회가 정돈되어야 하며 그렇게 되기 위해서는 규칙을 제정해야 하고 또 규칙을 제정할 위원회를 선출해야 할 것을 요구했다. 그리고 그는 자신은 언제나 제네바의 종으로 헌신하겠다고 말했다.'

칼뱅은 돌아온 후 첫 주일에 지체없이 그가 떠나기 전 설교했던 생피에르교회에서 설교했다. 사람들은 쫓겨났던 그가 어떤 설교를 할 것인가에 대해 궁금해 했다. 칼뱅은 1538년, 즉 3년 전 성경강해를 하다 중단했던 바로 그 장절로부터 성경강해를 이어갔다. 마치 그 사이에 아무런 일도 없었던 것처럼 "지난번 본문에 이어"라고 말하고 설교를 했던 것으로 유명하다.

불만이나 비판의 내용을 찾을 수 없는 설교였다. 칼뱅은 당시를 이렇게 술회한다.

> "다시 설교하러 갔을 때 사람들이 똑바로 앉아 있었다. 모두 호기심으로 가득 차 있었다. 하지만 이전에 일어났던 일과 그들이 정말 듣고 싶어서 안달이었던 모든 내용은 무시해 버렸다. 그리고 사역의 본질에 대해서 몇 마디 했다. 믿음에 대한 짧은 간증과 함께 나의 의도는 진심에서 우러나온 것임을 증언했다. 그리고 이곳을 떠나기 전에 설교했던 본문을 강해했다. 가르치는 직분을 거절한 것이 아니라 잠시 동안 가르치는 일을 방해 받았다는 것을 보여 주고 싶었다."

그는 한 걸음 물러나서 마치 퇴역한 군인처럼
한가로운 삶을 즐길 수 있었을렌데도 그렇게 하지 않고
자신이 세웠던 교회로 돌아갔다.

칼뱅의 사도행전 주석 (행 14:20)

2부

설교자의 인생

3 설교자의 인생

청년 설교자

최근 신임교역자면접을 하면서 제출된 몇 편의 설교동영상을 보았다. 신대원 졸업반, 목사안수 1년차 즈음의 청년목사들의 설교였다. 하루종일 사무실에서 커피를 마시며, 사무실을 서성이며, 혹은 소파에 기대서, 혹은 창가에 서서 그들의 설교를 들었다. 그들 중 몇은 몇 년을 함께 사역하게 될 것이다. 먼저 주체할 수 없이 풍성한 머리카락과 평균 180의 훤칠한 신장이 눈에 들어온다.

청년 설교자들의 설교를 듣고 있으면 힘있고 건강한 목소리를 듣는다는 것만으로도 피곤을 잊을 정도로 청량감을 느낀다. 아직 혹사(?)당하지 않은 싱싱한 목소리다. 마치 5월에 불어오는 바람, 6월의 보리밭에 불어오는 바람 같다. 그들의 목소리에는 설렘이 있다. 수줍음과 사랑스러운 미숙함이 있다.

오십대의 중년설교자로서 듣는 청년설교자들의 설교는 도전과 위기감을 준다. 아직 돋보기를 끼지 않은, 다초점 안경을 사용하지 않고도 멀리, 그리고 세밀하게 조망하는 청년목사의 시각이 성경해석과 적용에 고스란히 드러난다. 그리고 소위 물정을 모르기 때문에 직선으로 적용하고 직선으로 소망하는 메시지는 무디어진 중년목사의 가슴에 95개조의 반박문을 붙여 놓는다.

청년목사의 설교에서 중년목사는 늘 변혁과 갱신의 책임자로 서기 때문이다. 그래서 늘 젊은이들의 글, 청년목사들의 설교를 옷깃을 여미는 심정으로 읽고 경청한다. 청년목사들의 설교에서 문제의 대상은 늘 중년목사, 즉 나이기 때문이다. 그래서 청년목사들의 설교를 들을 때마다 마음의 각오를 한다. 성령께서 내 마음을 다스려주셔서 강론을 통해 은혜 받을 수 있도록 기도한다.

예수님도 청년목사였다. 서른에 공생애를 시작하셨으니 오늘 우리현실로 본다면 목사안수 1년차의 젊은 목사였다. 에스겔도 청년목사였다. 스물다섯살의 견습제사장 때에 포로가 되었고, 나라가 온전했다면 목사안수 1년차가 되어야 했을 때 그는 그발강 강제노역의 현장에서 근로자의 옷을 입고 나이 서른에 소명을 받았다. 이사야도 약관의 신대원생이었고, 다니엘도 열일곱살의 목사후보생이었다. 디모데, 디도, 에바브라디도, 마가요한, 모두가 청년목사였다.

사회와 조직이 고도화되면서 주니어(Junior)의 시대가 아닌 시니어(Senior)의 시대가 되었다. 오늘날 고령화는 현역 연령을 자꾸만 높여가고 있다. 청년이 주류에 합류하는 연령이 높아져만 가고 있다. 이렇게 보면 성경의 배경에 비해 오늘 현대교회는 교직이 너무도 고령화되어 있다. 모든 세대가 균형과 조화를 이루어야겠지만 어쨌든 교직제도에 종사하는 연령이 고령화되는 것은 일정부분 이 세계의 경직성을 예견하게 한다.

청년목사들의 설교가 교회를 건강하게 한다고 본다. 청년목사들에게 설교의 기회가 더 부여될 필요가 있다. 그들의 메시지에 오늘 교회는 귀를 기울일 필요가 있다. 며칠 청년목사들의 설교를 몇 편 들은 것만으로도 그들과 함께 펼쳐갈 사역에 대한 기대를 고조시키기에 충분했다. 신임교역자들이 오면 그들에게 설교기회를 충분히 부여해야겠다고 생각했다.

종종 청년목사들의 설교를 들으면 중년목사의 설교학 꼰대, 목회학 꼰대가 스물스물 나올 때도 있다. 청년기를 지나 중년기에 도달한 목사는 충분히 누적된 설교의 경험과 데이터를 가지고 있다. 한마디로 충분히 노련하다. 그러나 그런 중년목사가 잃어버린 것을 청년목사의 설교가 역설적으로 깨우쳐준다. 그리고 잃어버린 자신의 청년기의 순수와 열정, 상록수같은, 에델바이스같은 서정성을 180의 큰 키에 주체할 수 없이 많은 헤어를 가진 청년목사의 설교에서 본다. 아멘이 나오는 것이 아니라 탄식이 나온다.

청년설교자는 실수를 두려워해서는 안 된다. 수사학적으로, 본문해석과 적용에 있어서 설교학적인 잘못이 있어도 괜찮다. 강단에 젊은 목사가 서서 설교하는 것 자체가 은혜가 된다. 그는 자신의 꽃같은 생애를 거부할 수 없는 소명앞에 바쳐서 동년배들의 세속문화에서 이탈하여 우리종교의 전통에 자신을 기꺼이 귀속시킨 사람이다. 동년배들이 높은 연봉을 받고 십차선 대로변의 우뚝솟은 빌딩에서 근무할 때 이네들은 주차관리를 하고, 교회주보를 찍고, 새벽에 나와서 예배당 불을 켜고 방송실에 앉아서 PPT를 만들고, 청소년도, 청년도 아닌 우중중한 위치에서 넥타이를 날리며 차량운행을 한다.

겨우 늙은 제사장이 피곤할 때 월요일 새벽설교나, 토요일 새벽설교나, 추석같은 명절의 수요예배를 감당하는 것이다. 시대는 앞으로 청년설교자들의 입을 통해서 변화될 것이다. 생각이 있는 회중은 청년목사의 설교를 가볍게 듣지 않는다. 앞으로 저 입이 이 세상을 살리겠구나, 앞으로 저 설교가 이 세상을 뒤집어 놓겠구나 하고 알아 차린다.

중년 설교자

설교자에게 이른바 황금기는 언제일까? 아마도 중년기가 아닐까. 최근 고령화 추세와 아울러 청년층의 기성세대로의 진입이 느려지고 결혼연령도 늦추어지면서 어떤 연령에 대한 기준을 말하기 쉽지 않지만 굳이 설교자의 연령을 구분하자면 청년설교자는 30-44세까지, 중년설교자는 45-59세까지, 노년설교자는 60-75세까지로 볼 수 있다.

민수기 4장을 보면 성막에 봉사할 레위인의 연령을 30세에서 50세로 제한하는 것을 볼 수 있다. 회막을 걷고 옮기는 일이니 체력도 필요하고 팀을 이루어 일사분란하게 움직여야 하기 때문이기도 할 것이다. 당시 견습 제사장이 25세, 제사장이 30세인데 현행 목사의 정년도 30세에서 70세이다. 최근에는 75세까지 연장되는 교단들도 나오고 있다.

이미 언급했지만 청년, 중년, 노년설교자들에게는 각기 다른 고유의 색채의 설교가 있다. 가장 이상적인 것은 이 모든 설교를 고르게 들을 수 있는 것이겠지만, 현실적으로는 그렇지 못하다. 어떤 회중은 평생 한 사람의 설교만 듣기도 한다. 한 사람의 설교만 들어야 한다면, 중년의 설교자의 설교를 듣는 게 가장 행복할 것이다. 설교자에게는 중년이 황금기이기 때문이다.

왜 중년이 설교자의 황금기냐 하는 것은 매우 주관적인 주장이기 때문에 동의하지 못하는 사람도 있을 것이다. 중년이 설교자에게 황금기라 주장하는 이유는 먼저 무지하거나 미숙한 상태를 막 벗어나기 시작했기 때문이며 스스로는 아직 정점이라고 여기지 않는 시기이기 때문이다. 어느 정도 설교자로서 수련기를 지났으며 이 시기에 통상 한 지교회 담임목사직을 맡기 때문이다. 혹 오랜 연구를 마치고 학위를 취득하는 시기이기도 하다.

중년설교자는 이제 호흡과 걸음걸이도 적당해졌다. 말의 빠르기가 회중의 입장에서 가장 편안한 상태가 된다. 인생에 대한 이해도, 회중의 삶에 대한 이해도 넓어지고 적당한 유머와 휴머니즘을 겸비했다. 여기에다 이 시기에 가장 많은 설교를 소화하기에 설교는 그야말로 숙련되고 설교자의 사상과 신앙도 숙성된다.

구원론적으로 설명하자면 즉각성과 점진성(already but not yet)이 조화를 이루는 상태이다. 가장 많은 지식을 소유하고 (어떤 이는 가장 방대한 도서를 자랑하기도 한다) 가장 최적의 환경에서 설교자 생애의 절정기를 지난다. 게다가 담임목사의 직위로 서기 때문에 나름대로 권위까지 주어진다.

중년설교자의 덕목은 균형이다. 설교자 자신을 중심으로 아래와 위 세대를 아우르고, 지성과 영성, 일반은총과 특별은총, 교회와 세상, 희노애락을 설교에서 모두 녹여내야 한다. 또 설교를 플라톤에서 아리스토텔레스로 끌어내려 삶에 천착한 예화와 적용으로 오늘을 사는 회중들의 삶을 비집고 들어가야 한다. 청년설교자일 때 비전을 말했다면 중년 설교자는 현실을 말해야 한다. 청년 설교자일 때 독수리가 날개를 치며 올라갔다면 중년설교자는 하루종일 밭을 가는 우직한 소가 되어야 한다.

또 다른 덕목은 배려이다. 청년세대에는 애정 어린 격려를, 동년세대에는 동지의식을, 노년세대에는 공감과 공경의 처세를 가져야 한다. 또 하나의 덕목은 여유이다. 적당한 속도를 지녀야 한다. 중년설교자에게는 호들갑도 어울리지 않고 노숙함도 어울리지 않는다. 결국은 여유인데, 느슨하고 이완된 여유가 아니라 근육질의 여유를 가져야 한다. 가진 힘을 다 사용하지 않는 여유이다. 미래가 불확실한 청년들에게는 안정감을, 동년세대에는 늠름함을, 노년세대에는 든든함을 주어야 한다.

중년설교자의 설교언어는 충분히 숙성된 언어이다. 이미 수많은 설교수련을 통해 다듬어진 말쑥한 언어이다. 결코 가볍거나 경박하지 않은 중후한 언어이다. 또한 불필요한 오해나 논쟁, 시비거리를 만들지 않는다. 완제품에 가까운 설교, 즉 신학적으로, 교리적으로, 윤리적으로도 흠결이 없는 설교를 해야 한다. 중년설교자의 설교는 점차 자신만의 루틴을 가진다. 중년설교자의 강단은 실험장이 아니라 공연장이다. 이미 준비된 설교자이기에 어디에 세워놓아도 설교할 수 있다. 자신만의 스타일, 자신만의 폼을 가지는 것이다.

중년설교자의 설교언어의 위기는 무엇인가? 자기 발전이 중단된 상태에서 신념은 강해지고 언어가 퇴보하는 것이다. 이것은 설교자에게서 일어날 수 있는 최악의 상황이다. 배가 나오고 머리숱이 허술한 중년설교자는 종교권력까지 쥐고 있다. 수줍던, 싱그럽던 청년설교자는 어느덧 교권을 주무르는 주교제후가 되어 버린다. 어떤 설교자가 술집과 카지노에 출입한다는 소리가 들리고, 교단정치에 미쳤다는 소리가 들리면 이미 설교자로서의 생명은 끝난 것이다. 그래서 매우 역설적이게도 지병이 있거나 목회에 고난이 극심한 목사가 설교의 대가가 되는 경우가 많다.

중년설교자에게 돈과 시간과 권력은 독이다. 설교자는 지역교회 목사직 하나로 족해야한다. 설교자의 영광만으로 만족해야 한다. 과한 취미활동도 자제해야 한다. 돈이 있다고 그돈을 다 쓰다가는 큰일 난다.

중년 설교자는 설교자의 황금기에 골방에 들어가 세속의 가치를 차단하고 전능자가 주시는 가장 성숙한 언어의 직공이되어야 한다. 40주야를 구름이 뒤덮인 시내산에서 세속과 단절된 절대고독 속에서 전능자가 새겨 주시는 돌판을 들고 홀홀 단신 회중속으로 몸을 던져야 한다. 저녁 9시 뉴스에서 듣지 못했던 하늘의 탄식을 들려 주어야 한다.

중년설교자는 그 설교언어의 정련을 위해 다섯 수레 분량의 책을[37], 만 권의 책을[38] 읽어야 한다. 보약을 몇 첩이나 달여 먹으면서 수십 권의 전질을 독파하고 동에서 서로, 고대에서 현대로, 세네카에서 카프카까지, 카에서 리비우스까지, 인문학에서 미학에 이르는 방대한 독서와 글쓰기를 통해 양날 선언어의 칼날을 지녀야 한다.

중년 설교자는 렌즈지름이 넓어 많은 빛을 받아들이고 색을
넓게 이해하는 L렌즈가 되어야 한다. 그래서 그 언어는 예리
함은 부드러움으로, 강함은 편안함으로 바뀌어야 한다. 윽박
지르는 설교가 아니라 동감을 이끌어 내는 설교, 부담스럽게
들리는 설교가 아니라 자원함으로 이끌어 내고, 회중을 창피
스럽게 하는 설교가 아니라 뿌듯하게 하는 언어를 구사해야
한다.

노년 설교자

우리가 하나님께서 지으신 모든 세계에 질서가 있다는 것을
받아들인다면 설교자의 세계에도 시종이 있다는 사실을 받
아들여야 한다. 직업적인 의미에서의 퇴직이나, 직분적인 의
미에서의 은퇴로 설교자로서의 생애를 구획하기는 어렵다.
성경에 은퇴나 퇴직이 없기 때문이다. 모세는 죽기 직전까지
설교했고, 설교집을 냈다. 사도바울도 서신에서 자신이 매우
노쇠하였다는 사실을 실토했다.

우리는 성경에서 몇몇 노년설교자들을 만난다. 그러나 공교롭게도 긍정적인 노년설교자들을 만나기가 쉽지 않다. 엘리와 사무엘, 몇몇 사사들은 긍정적인 노년을 맞지 못했다. 앞에서 노년설교자의 연령을 60-75세로 보았는데 오늘날의 현실에서는 맞지 않는 부분도 있어 보인다. 한국교회 상황에서는 다수의 목사들이 소위 조기은퇴를 하고 있고, 아예 65세 은퇴를 교회결의로 정해 놓은 교회들도 다수 있다. 일찍 은퇴하는 것을 마치 소욕이 없는 깨끗한 퇴장으로 평가하는 경향마저 있는 실정이다.

어쨌든 노년 설교자는 설교자로 부름을 받은 이래 자신의 생애주기에서 마지막 여정으로 자신에게 부과된 사명을 마감해야 할 숙명적인 순간을 맞이한다. 청년설교자로, 중년설교자로 살아갈 때와는 막다른 환경도 추가된다. 그것은 설교뿐만 아니라 자신의 목회 자체가 함께 끝이 나기 때문이다.

그는 어느 주일, 싱그런 햇살이 쏟아지는 예배당에서 설교시작 전에 조금 머뭇거린 다음, 미묘한 감정의 담긴 목소리로 이야기를 하게 될 것이다. "사랑하는 성도 여러분, 곧 당회서기 장로님께서 광고시간에 말씀하시겠지만, 저는 이제 저의 길었던 담임목사직을 내려놓게 될 것 같습니다." 마지막이 있다는 것은 아름답기도 하지만 슬프기도 하다. 모든 노년 설교자는 이렇게 자신에게 주어진 마지막 설교자의 시간을 향해 나아간다.

노년 설교자는 달려온 관성에 익숙해 있다. 그는 수십 년을 설교자로서의 루틴을 안고 살아왔다. 자신만의 고뇌와 고통이 루틴을 형성하고, 자신만의 수사학과 설교학을 만들어 낸 것이다. 은퇴를 앞둔 설교자는 현존하는 한 권의 설교학이다. 그것은 설교자 그 자신이 고안하거나 피땀 어린 노력을 통해 일구어낸 것일 수도 있지만, 동시에 사람을 불러서 하나님의 뜻을 전하고자 하셨던 소환자가 그 사람 속에서 일하신 결과이기도 하다.

그러므로 달려가는 것만큼 멈추는 것도 어렵다. 설교자에게 강론이 중단되는 것은 여성에게서 자궁이 제거되는 것과 같다. 필자는 은퇴하신 목회자들이 급격히 노쇠하는 것을 가까이에서 지켜보았다. 그들은 거룩한 노병(老兵)들이었다.

가혹한 이야기겠지만 노년 설교자에게 설교의 개선이나 갱신을 기대하는 것은 새로운 모발치료제가 개발되기를 기대하는 것과 같다. 노년에 어떤 설교방식이나 스타일을 바꾸는 것은 정말 회중들에게 고통을 안겨주는 일이요 평생 설교를 들어주었던 교양 있는 신자들을 대하는 예의가 아니다.

노년 설교자는 설교를 줄여야 한다. 의욕이나 열정이 있다고 해서 사용해서도 안 된다. 오히려 노년 설교자는 약함과 노쇠함, 육체적 한계를 보여주어야 하며, 모든 사람은 일정한 기간이 되면 퇴장하게 된다는 것을 보여주어야 한다.

노년 설교자는 한 편의 설교를 다듬기보다는 한 사람의 소명자로서의 인생을 정돈하여야 한다. 우리가 경험한 노년 설교자의 퇴장은 극단적인 경우가 많았다. 우리의 기억에 남을 만한 모범적인 사례보다는 충격적인 사례가 더 많은 것이 현실이다.

그래서 한 사람의 설교자가 퇴장할 때 늘 걱정과 두려움이 앞선다. 거목이 뽑히기도 하고, 거석이 굴러떨어지기도 한다. 그런 경우 늘 공동체는 아수라장이 되고, 시간이 지나면 잠잠해지고 혹은 잊혀지지만 숱한 의혹과 구설수가 남기도 하는 등 한 설교자의 퇴장은 늘 아쉬움을 남긴다. 노년 설교자는 매주 한 편의 설교를 준비하듯이 자신의 퇴장을 준비해야 한다. 평생을 자신의 설교를 들어온 회중들 앞에서 부끄럽지 않아야 한다.

대개 한 지역교회의 회중은 한 사람의 설교자를 평생에 걸쳐 만난다. 그렇다면 그는 마치 식당에서 에피타이저, 본식, 디저트가 나오듯이 청년설교, 중년설교, 노년설교를 접하게 될 것이다. 노년설교자의 덕목은 초월이다. 모든 것을 넘어서는 설교를 기대하는 것이다. 어떤 것에도 매이지 않는 설교를 기대하는 것이다.

청년설교자가 비전을 말하고, 중년설교자가 현실을 말한다면, 노년설교자는 인생을 이야기해야 한다. 청년 설교자가 독수리처럼 날고, 중년설교자가 하루종일 밭을 간다면, 노년설교자는 하루를 마감하면서 서쪽 하늘 전부를 붉게 물들이는 석양이 되어야 한다. 노년설교자에게는 약점도, 연약함도, 노쇠함도 모두가 강점이 된다. 심지어 느리고, 힘이 없고, 연약한 것마저도 아름답다. 노년 설교자에게는 설교자 자신이 한 편의 설교이다.

은퇴 설교자

종종 은퇴목사님들이 특별한 예배나 행사에 순서를 맡으시는 경우가 있다. 멀리서 일찍 오셔서 대기하시다가 순서가 되어 강단에 올라가신다. 한 번은 축도를 하시는데 갑자가 정적이 흘렀다. 그리고 "나는 자랑스런 태극기 앞에…" 순간 모두가 얼어붙어 버렸다. 목사님이 순간적으로 축도문을 잊어버리셨던 것이다.

어떤 분야는 말년에 정점을 찍는 경우가 있다. 가령, 예술 분야가 그렇다. 물론 청년기 이전에 천재성을 드러내고 요절하는 경우도 있지만, 노년기에 자신의 분야에서 고점을 찍는 경우도 있다. 철학과 신학도 예외는 아니다. 요즘 '내 나이가 어때서'라는 대중가요가 유행한다. 중년을 넘어 은퇴 시기가 다가오지만 몸도 마음도 여전히 현역이기 때문이다. 목회자로서는 은퇴가 있지만, 설교자에게는 은퇴란 없다. 사역자들에게 소명과 사명은 종신적이지만 제도적 차원에서 공적 설교자로서의 제한이 존재한다는 것은 받아들일 수 밖에 없다. 그러나 본질적으로 설교자는 죽을 때까지 설교해야 한다.

현대회중의 비극 가운데 하나는 은퇴 설교자들, 노령 설교자들의 설교를 들을 수 없다는 것이다. 은퇴 설교자들은 정기적인 설교 기회를 얻지 못함으로 설교자로서의 호흡이 흐트러지고 설교언어와 설교감각을 잃게 된다. 은퇴설교자의 설교를 자주 접하지 못하면 현역설교자들도 자신들이 어디쯤 와 있고, 또 10년, 20년 후의 자신들의 모습을 깨달을 수 있는 기회를 얻지 못하는 안타까움이 생긴다.

은퇴설교자에게도 빛과 그림자가 있다. 소위 전설들의 설교는 들을 수 없고, 대개 교권을 쥐고서 놓지 않는 늙은 사사들의 설교를 들어야 한다는 것이다. 이것은 재앙에 가깝다. 건강하고 희망찬 교회는 청년설교자에서 은퇴 설교자까지 설교자의 다양성이 허락되는 것이다. 최악의 설교는 사망한 설교자의 설교를 그의 추도예배에 방영하는 것이었다.

신명기는 은퇴설교자의 모습을 보여준다. 모세는 설교를 마치면서 인생을 마감한다. 통상 은퇴설교자들의 설교는 교회의 특별한 행사에서나 만날 수 있지만 일 년에 적어도 한두 번은 들을 수 있으면 좋을 것이다. 또 은퇴하고서 십여 년 후에도 여전히 강단에 서서 치열하게 본문과 씨름하면서 현대

적 적용을 끌어내는 살아있는 전설들을 만나기를 소망해 본
다. 그래서 여전히 책을 놓지 않으셨구나! 여전히 성령께 붙
들려 계시구나! 하고 전율을 느낄 수 있기를 기대해 본다.

4 설교자는 누구인가?

설교자는 노동자다

설교자는 누구인가? 설교자는 먼저 바른 자기이해를 가져야 한다. 설교자의 자기이해는 자신이 무슨 선지자나 되는 것처럼 몽상적이어도, 무슨 종교공무원처럼 권위적이어도 안 된다. 그렇다면 설교자는 누구인가? 물론 이 질문은 쉽게 할 수 있어도 대답을 하자면 책 몇 권은 나올 것이다.

먼저 목사는 노동자인가 성직자인가의 문제다. 설교자들 가운데는 순혈주의에 빠져 자신은 마치 다른 신분의 사람처럼 살아가는 사람들이 있다. 소위 한국에서는 '주의 종'이라고 소개하는 순간 다른 신분의 사람이 된다. 설교자는 다른 신분의 사람인가? 과연 주의 종이며, 특별한 신분의 사람인가? 종종 병원에 가면 의사들이 전문용어를 사용하고, 또 미주알고 주알 자세히 설명해주지 않는 경우가 많은데, 이처럼 설교자들은 자신이 누구인지에 대해서 회중들에게 충분한 정보를 주지 않는 우리 업계(?)의 불문율이 있다.

그러나 이런 류의 논쟁이 가져다주는 폐해를 알기 때문에 일단 거룩한 언어로 영적인 주제를 다룬다는 측면에서의 성직자이며 실제 그 사역의 현장은 땀 냄새나는 직업의 현장을 방불케 하므로 노동자로 불려도 좋다는 중간지대를 선택하고자 한다. 일단 이렇게 노동자라는 말을 한 이상, 이 주제 안에서 설교자는 셰프나 지휘자, 건축가나 여행 가이드가 될 수도 있는 가능성이 열리게 되었다.

실로 설교자들 가운데는 다양한 직종에 있다가 이직(?)한 경우가 많다. 아모스는 농부였다. 마태는 세무공무원이었고, 베드로는 어부였다. 장인어른의 양을 치던 모세는 아예 언어를 잃어버리고 사색의 사람의 되어 있었다. 이사야는 왕실에서, 에스겔은 강제 노역소에서, 요한과 바울은 감옥에 있었다. 무엇보다 예수님은 목수였다. 우리가 잘 아는 갈릴리의 목수는 고향 사람들에게 목수집 아들이라는 강한 직업적 이미지를 가지고 있었다.

D. L. 무디는 구두장사였고, 로이드 존스는 외과의사였다. 짐 심발라는 농구선수였고, 길선주는 무당이었다. 설교자들 가운데는 오늘날 소위 이중직의 성향을 가지고서 성직자와 노동자의 모호한 경계선을 자유롭게 넘나든 사람들도 있다. 바울만 해도 자신을 텐트 메이커라고 소개하기를 주저하지 않는다. D. L. 무디는 주중에는 구두를 팔고 토요일마다 맥주집을 청소하고 주일에 설교했다. 콘스탄티누스가 아니었다면 아직도 모든 설교자는 노동을 겸직하고 있었을 것이다.

설교자는 정신노동자다

통상 설교자는 주중에 한 번 이상은 설교한다. 경우에 따라서는 한 주간에 12번 설교하기도 한다. 설교는 대개 사전에 설교자와 본문과 제목이 예고된다. 이것은 일종의 회중과의 약

속이기도 하지만 설교자 자신을 위한 장치이기도 하다. 설교 스케줄이 정해지면 설교자가 가장 먼저 하는 일은 본문과 제목을 정해 예배순서지의 인쇄와 방송실에 필요한 정보를 주는 일에서 시작하여 강단에 오르기 전에 어떤 색깔의 넥타이를 맬 것인가를 결정하는 것으로 끝이 난다. 설교자는 마감기일에 쫓기는 매거진의 고정 기고자처럼 어김없이 한편의 설교를 완성해내야 하며 자신의 곡을 초연하는 연주자처럼 자신의 입으로 설교문을 연주해야 한다.

어떤 경우 한편의 설교에 수십 명의 스텝과 엔지니어들이 동원되기도 하지만 홀로 외롭게 예배당에 불을 켜고 아무도 회중석에 앉지 않은 황폐한 예배당을 바라보기도 한다. 또 한편의 설교에 수많은 찬사와 혹평이 기다리기도 하지만 그 어떤 피드백도 받지 못하는 쓸쓸한 설교도 있다. 설교자는 자신의 설교가 화살이 되어 되돌아와 설교자의 심장에 박히기도 하고 자신의 설교 한 편으로 죽었던 회중이 살아나기도 한다.

바로 이런 지점에서 설교자의 노동으로서의 정신적 고통이 발견된다. 설교자에게 가장 영광스러운 설교가 왜 고통이 되는가? 그것은 설교자에게 있어 설교는 곧 생존의 유일한 이유이기 때문이다. 설교자는 자신의 신장이나 헤어스타일로 평가 받는 것이 아니라 오로지 설교 하나만으로 평가되기 때문이다.

설교자는 설교에 울고 웃고, 설교에서 일어서고 무너진다. 한 편의 설교로 역사가 바뀌기도 하지만 한 편의 설교와 목숨을 바꾸기도 한다. 설교자에게 설교는 가장 강력한 권력이자, 무기이며, 가혹한 노동이자, 무거운 십자가다. 설교자는 실상 회중석에 앉아 설교를 경청하는 회중의 한 사람이며 자신이 설교하는 동안에도 자신의 설교 속에서 한 명의 회중이다. 회중이 설교 속에서 고통과 위로를 느끼듯이 설교자도 동일한 감정에 참여한다.

설교란 본질적으로 선언이자 선포이므로 회중의 평가에 염두를 두지 않지만 실상 설교는 매순간 평가되고, 이렇게 누적된 정보는 설교가 좋다든지 시원찮다든지하는 꼬리표를 달아준다. 초단위로 채널을 바꾸는 회중의 마음을 얻기란 참으로 어렵고, 한 번 굳어진 설교구매자들의 평가를 되돌리기란 거의 불가능하다. 그러므로 회중의 마음을 얻지 못한 설교자는 평생 주홍글씨를 매달고 강단에 올라가고, 회중의 쌀쌀맞은 냉기류와 맞서며 강단의 불로 회중석을 데워본들 이렇게 데워진 열기에 몇몇은 이미 졸고 있기 일쑤이다.

통상 목사의 청빙은 설교에서 결정되는데 이 때 한 편의 설교에서 소위 트리플악셀을 성공시켜야 한다. 설교자는 회중의 마음을 얻기 위해 설교근육을 단련하고 최신 설교학에서 한 번도 소개되지 않은 천상의 비법을 도입해서 청빙을 받고 강단에 선다. 이 고독한 설교자의 길을 누가 알며 그 좁은 길을 누가 가겠는가?

종종 이 분야의 대가들은 가장 충성된 회중 한 사람만을 바라보며 설교한다고 했는데 마음이 여린 설교자는 몇몇 까다로운 회중들의 얼굴을 스캔하고서 자신이 설교가 쇼핑카트에 담기지 않았음을 직감하는 순간 흔들리기 시작한다. 몇몇 회중은 어쭙잖게 설교자가 인용한 정보를 스마트폰으로 검색하고서는 수군대고 있다. 이 가련한 설교자를 주님의 마음으로 응원하며 듣는 사람은 오직 단 한 사람뿐이다. 바로 목사의 부인이다.

이 특별하고 유일하게 설교자에게 우호적인 회중(?)은 설교자의 애환을 알며 한 편의 설교를 위해 몇 잔의 커피를 마시며, 수십 권의 책을 뒤지고 충분한 원어분석과 주석적 검토를 거쳐 며칠을 뜬눈으로 밤을 새우고 올라갔음을 알기 때문이다. 설교자의 흠뻑 젖는 와이셔츠를 보면서, 설교자가 설교를 마치고 집에 돌아와 몇 시간을 서재에서 나오지 않는 것을 보면서 설교란 인간이 수행하는 가장 고통스런 노동이라는 것을 알기 때문이다.

어떤 회중은 설교자가 자신에게 배트를 휘둘렀다고 하지만 한 편의 설교에서 가장 고통스러운 사람은 설교자 자신이다. 이 깊고 오묘한 영적 소통의 매커니즘을 이해하는 유일한 사람이 바로 설교자이다. 한 편의 설교에서 가장 많은 회초리를 맞는 사람도 설교자이다. 설교자는 이 본문의 최초의 회중이며 하나님의 면전에서 그 입술이 화상을 입었고 설교가운은 재를 뒤집어 쓰고 있다.

설교자는 본문 앞에서 길을 잃은 적이 있고, 멀리서 구름기둥을 보았으며, 천상의 영광을 안다. 회중은 상상조차 할 수 없는 절망을, 존재가 부수어지는 좌절을 이 설교자는 본문 앞에서 먼저 경험한다. 그러나 정작 설교자에게 가장 고통스러운 것은 자신의 설교대로 자신이 살고 있지 않다는 사실이다.

설교자는 언어노동자다

설교자는 평생을 언어의 멍에를 메고 사는 언어노동자이다. 모든 직업의 세계에는 자신의 분신과도 같은 도구가 있다. 특별히 전문가들은 그들의 명성만큼이나 특별한 연장을 가지기도 한다. 요리사들은 특별한 칼을 사용한다. 칼의 종류도 다양하거니와 모든 종류의 칼을 적재적소에 그리고 능수능란하게 다룰 줄 안다. 아마추어들은 전문가의 연장에서 벌써 주눅이든다. 특히 평생을 한 우물만 판 명장들은 연장을 목숨처럼 여긴다. 연장의 종류도 다양하거니와 다루는 기술과 정교함은 기계의 정밀함을 능가한다.

평생을 설교자로 살아가는 목사에게 있어 도구로서의 언어는 특별하다. 이 세상의 그 어떤 사람보다 가장 자주, 가장 많이, 그리고 가장 긴 세월에 걸쳐 언어를 다룬다. 설교자는 곧 언어의 연금술사이자 명장이요 마에스트로(maestro)여야 마땅하다. 전문가의 세계, 명장의 세계에서 도구의 중요성은 두

말할 필요가 없다.

설교자는 자신의 언어에 중독된다. 설교자는 자신의 설교언어를 통해서 갱신, 성장, 퇴보, 타락에 이른다. 설교자는 듣는 사람이 아니라 말하는 사람이므로 역설적이게도 설교자는 자신의 설교를 가장 많이 듣게 된다. 자신의 설교를 한 번도 빼놓지 않고 다 들은 회중이 바로 설교자 그 자신이다. 설교자는 회중에게 한 번 말하기 전에 홀로 서재에서 자신에게 수십 번 말한다. 설교자는 자신의 설교에 영향을 받고 자신의 설교와 함께 성장한다. 어떤 의미로든지 목사가 성장했다면 그의 설교와 무관하지 않다.

설교자의 타락은 설교의 퇴보와 함께 한다. 설교자가 하나님의 면전에 설 때 설교언어도 신성의 거룩한 불을 통해 정련된다. 그러나 설교자가 하나님의 면전을 게을리하고 점차 세속에 물들어가면 설교자의 언어도 거룩을 상실하고 급기야 자음과 모음이 뒤엉킨 폰트로 전락하고 만다. 신성의 정련을 통과하지 않은 설교언어는 프린터를 통해 출력될 수는 있지만 이미 인간의 언어요 지식의 언어다. 그런 설교언어는 생명이 없다. 설교자는 그 자신이 먼저 생명력을 잃어버린 타락한 종교언어에 감염되고 중독된다는 사실을 알아야 한다. 교회가 무너지기 전에 강단이 먼저 무너지며, 설교자가 죽어가기 전에 설교언어가 먼저 힘을 잃는 것이다.

설교자에게 언어는 직업병과 같다. 생명과 성령의 설교언어는 설교자 그 자신을 강건하게 한다. 그런 설교자 개인과 가정, 자녀들은 복되다. 그가 봉직하는 교회와 그의 설교를 듣는 회중의 삶 역시 복되다. 그가 설교하는 동안 회중은 하나님의 부드러운 만져주심과 천상의 위로를 경험하고 심령은 새로워진다. 머리에는 지성이 깨어나고 눈에서는 눈물이, 가슴에서는 벅찬 환희가 샘솟는다.

그러나 설교자에게 생명이 차단되면 언어는 죽어가고 설교자는 혹독한 언어의 결핍에 이르게 된다. 그의 설교언어는 마이크를 통해 스피커로 배출되는 소음에 불과하고 그의 설교를 듣는 회중도 서서히 죽어간다. 하나님이 설교자를 버릴 때 설교언어도 버리신다.

설교자는 늘 자신의 설교언어의 신선도에 관심을 가져야 한다. 닦고 조이고 기름을 쳐야 한다. 설교사역으로부터 이탈해서는 안 된다. 엄격한 자기검열이 지켜지고 유지되어야 한다. 설교를 게을리하고 심지어 표절하고 대충 설교하는 목사는 대담무쌍하다. 자신이 죽는지도 모르고 그렇게 하는 것이다. 설교에 대한 그의 철저함, 성실함은 곧 하나님에 대한 태도와 동일하다.

설교자의 하나님에 대한 깊이가 깊어가면서 그의 설교언어도 깊어간다. 설교자가 하나님 앞에서 낮아지고 겸손해지면 설교언어도 겸손해진다. 그러나 설교자가 교만하면 설교언어도 교만해지고 폭력적이 된다. 설교자의 설교언어에는 설교자의 먼지가 묻어 있다. 설교언어는 그가 앉았던 곳, 그가 본 것, 그가 만난 사람, 그가 관심을 가지는 것을 따라간다.

설교자는 설교자의 경계를 넘어가서는 안 된다. 설교자로의 부르심은 높고 신비롭다. 흔히 목사를 소개하는 프로필에 시인, 수필가 등을 포함하는 경우가 있는데, 그럴 때는 어느 교회 설교자라는 것은 빼는게 낫다. 가장 정확하고 빼어난 프로필은 어느 교회 봉직하는 목사로 소개되는 것이다. 거기다 무슨 자격증, 무슨 경력이 추가되면 설교자로서의 영광을 가린다.

설교자는 은퇴하고 강단에서 내려오는 순간까지 자신의 설교언어를 정련하고 연마해야 한다. 특히 시시한 이야기와 헛되고 소망스럽지 못하고 정욕적인 언어를 멀리해야 하며, 많이 듣고 신중하며 조심스러우면서도 분명하게, 강하면서도 부드럽게 말해야 한다.

설교자의 언어는 강단에서나 일상에서 차이가 없어야 하고 일치해야 한다. 혀에 재갈을 물리며[39] 학자처럼 말하고,[40] 입술로 범죄치 말아야 한다.[41] 평생을 말하고 살아야 하지만 하나님의 나라가 말에 있지 않음을 알고,[42] 말 때문에 망하지 않도록 늘 깨어있고 조심해야 한다.

목사는 설교노동자다

설교는 목사에게만 부여된 행위이다. 목사에게 설교는 독과점적이며 독점적 종교권력이다. 그러나 목사는 설교가 권력이면서 동시에 노동이라는 사실을 알아야 한다. 설교자가 성직자이냐 노동자이냐 사이의 긴장관계는 사제복과 설교 가운에서 작업복까지의 스펙트럼을 가지면서 동시에 각 교단의 특징이 되었다. 로마가톨릭은 권력으로, 장로교회는 직분으로, 재세례파는 봉사로 받아들였다.

1536년 칼뱅은 자신이 제네바에 왔을 때 어떤 설교자가 작업복을 입은 채로 설교단에 올랐다고 회고한다.

> "내가 처음 이 교회에 왔을 때, 거의 아무것도 없는 것과 같았습니다. 설교가 시행되었고, 그것이 전부였습니다. 사람들은 우상들을 찾아내 불태웠지만, 어떤 개혁도 없었습니다. 나이 든 목회자 기욤과 앞을 못 보는 쿠로가 있었습니다. 또한 목회자 앙투앙 소니에와 훌륭한 설교자 프로망이 있었는데, 후자는 작업복을 두른 채 강단에 올라갔고, 이어서 그가 수다를 떨던 가게로 돌아갔으며, 이런 식으로 두 번의 설교를 했습니다"[43]

이후 제네바의 목사들은 검은색 가운을 입고 설교단에 오르게 된다. 그러나 사제복이냐 작업복이냐의 논의가 설교의 운명을 바꾸지는 못한다. 광야에서 세례요한의 의복은 낙타털 옷이었다. 인공수로공사에 징발된 에스겔은 노동복을 입고 있었다. 손에 지팡이를 집었느냐 마이크를 집었느냐 하는 것은 중요하지 않다.

단지 그들의 입에서 무엇이 나오는지가 중요하다. 설교자는 자신의 서재에 들어갈 때는 작업복을 입은 노동자로 손에 성경과 펜을 들고 땀을 흘리며 보화를 캐내는 신성한 노동을 한다. 강단에 서서 하나님의 말씀을 듣고자 모인 회중들 앞에서는 성직자로 선다. 설교자는 노동자로서의 겸손과 성실을, 성직자로서의 소명과 윤리를 가지는 것이다.

때로 설교는 회중들에게 살인행위가 된다. 복어의 독을 제거하지 못한채 복어요리를 먹으면 사망에 이르기도 한다. 다른 생선은 누구라도 요리하는 것이 합법적이지만 복어는 복어요리 자격을 가진 사람만이 다룰 수 있다. 설교는 생명의 복음이지만 자격없는 사람에게 맡겨지면 때로 가장 암울한 집단적 비극이 되기도 한다.

중세시대에 일어날 법한 일들이 21세기에도 종종 일어나고 있다. 한국전쟁설로 한 교회 전체가 필리핀의 어느 섬으로 집단이주를 했다든지, 미국의 어느 도시에 메시아가 재림한다고 해서 사람들이 증발되기도 했다. 교주가 태어난 고향의 우물물을 성수라고 믿고 퍼마신 일도 있다.

어떤 설교자는 그 자신이 신이 되기도 하고 재림주가 되기도 하여 회중의 생애를 파멸로 인도한다. 또 어떤 설교자는 가혹한 매로 때리며 회중의 눈과 귀, 손을 묶는다. 고약한 노인처럼 엄격하기도 하고, 옆집 아줌마처럼 만담을 늘어놓기도 하고, 친정어머니처럼 처량하기도 하다. 때로 약장수로, 때로 교장 선생님으로, 때로 늙은 아버지로 보인다.

설교자는 그 자신의 소명이해보다 더 중요한 존재임을 알아야 한다. 우직하게 땅을 파고 일구는 설교자의 땀은 아름답다. 하루종일 밭을 갈고 양떼를 먹일 초지를 일구는 설교자의 노동은 신성하다. 작업복을 입고 노동자의 자리에 설 때 설교자의 권력은 비로소 봉사(디아코니아)의 자리로 내려온다.

모든 직업이 인류에 기여하는 바가 있듯이 설교자도 설교라는 신성한 노동을 통해 기여한다. 특히 사도들은 자신들의 직무를 말씀 전하는 것과 기도하는 것으로 이해했다.

가장 주된 직무, 가장 중요한 일이 설교사역이라면 설교준비는 물리적으로 일정한 근로시간을 채워야 한다. 음식 한 그릇을 준비하기 위해서도 일정한 시간이 필요한 것처럼 한 편의 설교가 탄생하기까지 충분한 설교준비의 시간이 필요하다.

옥한흠은 한 편의 설교를 위해 22시간을 사용했다고 한다. 설교준비가 미흡하거나 게으른 것은 설교자의 태만이자 소명에 대한 모독이다. 설교준비 없이 강단에 오르는 것은 설교자의 망조이다. 설교준비에 투입되어야 할 시간을 이탈하는 것은 소명을 위반하며 회중들을 위해 할애되어야 할 시간을 침탈하는 것이다. 이것은 명백하게 공공연한 설교자의 범죄이다.

설교자가 서재에서 홀로 고독하게 설교준비를 하는 것은 얼마나 아름다운 일인가? 이 신성한 노동은 양떼를 위해 목숨을 버리는 비영웅적 순교행위다. 이 시간에 설교자는 발에서 신을 벗고 광야에 서서 절대자를 대면한다. 이 시간에 그의 설교언어는 성령의 검열과 검역을 거치고 이 진리의 말씀을 전하지 않고는 견딜 수 없는 사도적 경건에 도달한다. '보낼 자가 없다'고 탄식하시는 하나님 앞에서 '나를 보내소서'하며 자신을 천거하는 선지자적 자원함과 담대함이 설교자의 지성과 이성을 사로잡는다.

하나님은 자신의 종을 불러 자신의 백성들 앞에 세우시고 종의 입을 통해 말씀하시고 책망하시고 선포하신다. 설교의 종은 전능자에게 사로잡히고 설교자의 입술은 성령의 통제를 받는다. 40분의 설교를 위해 40년을 준비시키신다. 설교자에게 설교사역은 마른 막대기 같은 존재가 전능자의 계시의 통로로 쓰임 받는 시간이며, 이 시간을 통해 설교자의 실존은 전능자의 개입에 노출되는 것이다.

설교자는 지식노동자다

설교를 디아코니아(diakonia)의 범주에서 이해한다면 설교는 봉사이며, 설교자는 봉사자라 할 수 있다. 그러나 이 봉사가 설교자에게 평생을 걸쳐 발생할 숙명적 사명이라면 그를 단지 봉사자라 호칭하는 것으로 충분치 못하다. 전술한 바와 같이 실로 설교자는 거친 작업복을 입고 고된 노동으로 등뼈가 휜 노동자이며, 그의 숙련된 봉사로 교회는 양육과 위로, 치유, 회복의 어머니라 불릴 수 있게 되기 때문이다.

현대교회는 상상을 초월하는 시설과 퍼포먼스를 가지고 있다. 더 이상 풍금반주로 예배를 드리고 교회의 종소리로 주일

학생들을 불러모으는 교회는 없다. 그러나 세련된 종교음악과 교회카페를 갖추더라도 설교자가 없다면 교회는 아무도 없는 것이나 다름없다. 설교자로 말미암아 교회는 비로소 생명이 작동하고 풍성해진다. 칼뱅은 교회법령에서 첫머리에 목사를 배치하였고, 목사에게만 허락된 말씀의 증거와 성례전의 시행을 교회의 표지라 불렀다. 또 이 두 가지가 올바르게 시행될 때 비로소 참 교회로 불릴 수 있다고 하였다.[44]

이렇게 교회는 말씀의 종을 둠으로써 교회가 교회됨의 정당한 지위를 가지게 된다. 이 충성된 종은 자신에게 부과된 말씀의 봉사를 그의 전 생애를 걸쳐 수행해야 하므로 교회의 전통법은 설교자에게 정년이 없는 종신의 소명으로 임직해 왔다.

이 직무는 생명에 관여하면서 슬픔과 비통에 빠진 신자들에게는 영적인 의사요, 외롭고 상처입은 회중에게는 상담자요, 자라는 어린이와 청년들에게는 교사로, 병든 도시에는 어머니로, 정통교리와 질서를 위해서는 아버지로, 또 모든 이들의 친구로 존재한다. 그러므로 이 직무를 맡은 자는 "말로 어떻게 도와줄 줄을 아는 자"[45]이며, "소망의 이유를 질의하는 자에게 대답할 말을 준비한 사람"[46]이어야 한다.

이 직무의 사람은 학자의 혀를 지녀야 하고 모든 지식으로 준비된 사람이어야 한다. 설교자는 지식노동자라 불릴만 하며 한 사람의 설교자는 그 자체로 그 마을에서 가장 큰 도서관이자 학교라 할 수 있다. 이 교회의 교사는 지식을 언어라는 매체로 전달하기에 언어노동자요 정신노동자인 것이다.

무엇보다 설교자는 책과 친해야 한다. 책과 친해질 각오가 없다면 이 직무에 적합한 외적소명이 없다 할 것이다. '오거서(五車書)'라는 말이 있다. 다섯 수레에 실을 만큼 많은 책을 일컫는다. 장자의 친구였던 혜시(惠施)는 소장한 책이 다섯 수레에 이를 만큼 많았다고 한다. 그만큼 다독가였다. 설교자가 매주 강단에 서는 것은 엄청난 지식을 투입하는 일이다. 설교자는 무엇보다 읽고 쓰는 일에 친숙해야 한다. 설교자는 읽고 묵상하고, 기도하고 쓰는 사람이다. 설교자가 읽지 않으면 기근을 만나게 된다. 목양실은 사막에 되고 책상 위의 화초마저 시들어 죽게 된다.

설교자가 지식을 배척하고 다른 쪽으로 눈을 돌리면 교회는 불행해진다. 설교자가 약을 팔거나, 마이크를 잡고 노래를 부르거나, 신령한(?) 차력사가 되는 것이다. 종종 일탈에 빠진 설교자들을 보면 새로운 연인을 만난 것처럼 얼굴에 생기가 돌지만, 교회는 침울해져 간다. 모름지기 설교자는 독서가 기본이 되어야 한다. 개혁교회는 설교자에게 독서휴가를 부여하곤 했다. 불가에서는 동안거와 하안거를 통해 부족한 독서와 성찰을 위해 절간을 물리적으로 봉쇄하기까지 한다.

목회자에게는 책방, 골방, 심방이 있어야 한다고 했다. 책방이 지식이라면, 골방은 기도와 묵상의 경건이요, 심방은 상담과 현장이다. 책방의 지식은 심방과 골방을 살찌우고 튼튼하게 한다. 설교자는 지식을 위한 노동을 성실히 수행해야 한다.

설교자의 지식은 오랜 시간을 통해 빚어지고 시간이 흐르면서 점점 감출 수 없는 위력을 발휘한다. 이 지식은 벼락치기로 생기지 않는다. 시험은 매주일 치르고, 평생동안 계속될 것이기 때문에 일정한 습관처럼 공부와 독서가 몸에 익고 배여서 자연스러워야 한다. 그래서 교회는 목사의 서재를 갖추는데 인색하지 않아야 한다. 목사의 도서구입을 정당한 지출로 여기고, 목사의 학습과 연구를 위해 지원을 아끼지 말아야 한다. 또한 설교자는 자신과 직무와 회중을 위해 지식의 함양에 진력해야 한다.

설교자가 책을 가까이하고 유익한 지식을 축적해 나가는 방법에는 여러가지가 있다. 학문에 대한 진정성을 가지고 학위과정에 진입하여 지식의 근육을 단련하는 방법이 있고, 건전한 공부모임도 좋다. 그러나 모두 근본적인 대책은 아니다. 설교자의 지식은 독서모임 하나쯤 갖는걸로 해결될 성격은 아니다. 가장 좋은 방법은 평생을 두고 자극을 주고 받을 스승이나 멘토, 벗을 두는 것이다. "철이 철을 날카롭게 하듯"[47] 서로를 발전시켜 줄 친구, 그런 친구를 둔 사람의 얼굴은 빛나게 마련이다.

지식노동자로서 설교자가 갖추어야 할 지식은 먼저 하나님을 아는 지식이다. 이 지식은 생명을 살리는 지식이다. 설교자는 필연적으로 충분한 시간동안 신학을 전공해야 한다. 6개월 만에 목사가 되는 사람도 있다고 하는데, 정말 최악이다. 목수도 6개월 만에 만들어지지 않는다. 목사는 목사가 된이후에도 자신의 전공을 평생 공부해야 한다.

또한 설교자는 시대를 읽고 사람을 읽어야 한다. 그러므로 폭

넓은 독서를 해야 하고 결코 독선적 독서를 해서는 안 된다. 책 한 권만 읽은 사람이 가장 강한 신념을 가진 사람이듯 한쪽 책만 읽으면 반쪽 사람이 된다. 독서가 깊고 넓어지면 설교도 편하고 부드러워진다. 독서가 축적되면 목사의 설교가 오히려 쉬워진다.

설교자의 지식이 그의 경건과 겸손한 성품과 어우러지고, 설교자가 회중의 아픔을 품고 목자의 애통을 가지고 설교하면 회중은 위로와 회복을 경험하고 강단에는 에스겔의 생명강이 흐른다. 설교자의 임기응변식 지식은 금방 탄로가 나고 만다. 인터넷에 떠도는 가짜(fake)뉴스 등을 어줍잖게 인용한 지문과 예화로 점철된 설교는 잠깐동안의 몰입과 흥분만 줄 뿐이다.

설교자가 진리를 전하는 진실한 사람이어야 하는 것처럼 설교자의 지식도 진실하고 겸손해야 한다. 남의 것을 표절하고 적은 노력으로 멋진 설교를 하려는 얄팍한 생각은 교회의 미래를 어둡게 한다. 좋은 설교자! 노력하는 설교자! 진실한 설교자! 겸손한 설교자 앞에서 설교를 듣고 있노라면 정말 행복하다. 그런 설교자를 둔 회중은 복되다.

5 설교자의 얼굴

설교자는 투사(鬪士)다

투사란 칼이나 창을 든 사람인데, 설교자의 얼굴에 투사라는
이미지는 어울리지 않아 보인다. 설교자는 어떤 얼굴을 하고
우리에게 다가오는가? 농부, 항해자, 교사, 아버지 등의 다양
한 이미지가 있을 것이다. '펜은 칼보다 강하다' 라는 말이 있
는데, 설교자는 펜을 쓰는 사람인가? 칼을 쓰는 사람인가? 설
교자는 펜을 쓰는 사람이라고 간단하게 답을 내리기엔 설교
자의 펜은 너무 위험하고 강하다. 필자는 설교자는 펜을 든
투사라고 말하고 싶다.

종교개혁을 흔히 '팜플릿 전쟁'이라고 한다. 가철본 형태의 얇고 저렴한 소책자(Flugschrift)가 독일어로 제작되어 대량 유포된 사실을 두고 역사가들은 그렇게 불렀다. 특히 루터의 공개서한 『독일의 크리스챤 귀족들에게 고함』은 초판 4,000부가 금세 다 팔려나가 인쇄업자가 일주일만에 2쇄를 찍었고, 1522년 출간된 『9월 성경』 초판은 당시 숙련된 목수의 일주일치 임금에 해당하는 적지 않은 가격에 시판되었음에도 불구하고 신구약 완역 성경이 출간된 1534년까지 80-85쇄라는 기록적인 증쇄를 거듭했다.

특히 근대적 기독교를 연 장 칼뱅도 인쇄술 덕분에 종교개혁의 주도권을 가져올 수 있었다. 그가 기독교강요 초판을 인쇄했던 바젤은 당시로서는 가장 학문적인 도시였다. 에라스무스 역시 이 도시에서 생을 마감했다. 펜이 개혁을 가져왔던 것이다.

칼뱅이 기독교강요를 쓸 때 조국 프랑스의 위그노들은 화형을 당하고 있었다. 그 자신도 쫓기는 몸이었고 파리를 떠나야 했다. 특히 칼뱅은 콥과 함께 수배령이 내려져 있었다. 그래서 기독교강요 초판의 서문은 프랑수아 1세에게 일종의 '프로테스타치오'를 쓰고 있음을 알 수 있다. 개혁신앙을 가졌다는 이유 하나만으로 죽어가는 형제자매들을 위해 칼뱅이 들었던 것은 칼이 아닌 펜이었다. 그에게 펜은 '저항'이었다. 끊임없이 논쟁하고, 집필하고, 출판하고, 보내고, 외치고, 추방을 당하며, 살해의 위협속에서도 멈추지 않았던 '인문주의의 투사'였다.

그의 펜은 역사를 바꾸어 놓았다. 1536년 단 한 번의 연설로 도시 로잔이 프로테스탄트를 선택했고 한 달 만에 사제와 수사 200명이 개혁신앙으로 돌아왔다. 28년간 제네바교회의 설교자였고, 제네바 아카데미에서 가르쳤으며, 매주 금요일 콩그레가시옹에서 성경과 교리를 토론했다. 1536년, 1539년, 1559년 증보를 거듭한 기독교강요는 모든 표준문서의 기초가 되었다.[48]

오늘날도 설교자의 손에는 칼이 아닌 펜이 주어져 있다. 설교자는 죽을 때까지 쓰고 말하는 사람이다. 설교자의 글은 낭만의 글이 아닌 진리를 수호하기 위한 글이다. 오늘날 사상의 전쟁 속에서 설교자는 글쓰기를 멈추지 말아야 하고 진리를 외치기를 주저하지 않아야 한다.

설교자가 침묵하는 것은 소명을 방조하는 행위이다. 비록 황금의 입이 아닐지라도 복음을 듣지 못한 사람들 앞에서 진리를 또박또박 전하고 말해야 한다. 특히 공적인 자리에서 우리 종교의 핵심을 가감 없이 전해야 한다. 공직자들 앞에서도 당당하게 의와 죄와 장차 오는 심판에 대해 강론해야 한다. 권력자 앞에서 아부나 하는 자는 설교자가 아니다.

설교자는 특히 악과 죄와 불신앙 앞에서 투사가 되어야 한다. 설교자는 상처 입은 시민들을 위로하고, 압제 아래 있는 힘없는 사람들을 변호하며, 슬픈 자들의 눈물에 공감하고, 가난한 자들의 이웃이 되며, 공포와 두려움에 휩싸인 자들에게 용기를 말하며, 악한 정부와 포악한 위정자를 향해 하나님의 공의를 선포해야 한다.

설교자가 투사로 쓰임받기 위해서 설교자의 펜은 더 날카로워져야 하고 설교자의 수사학은 더 훈련되어야 한다. 무딘 펜이 아닌 날이 선 논리, 정교한 인용, 가슴을 찌르는 적용, 청중을 깨우는 수사여야 한다. 이를 위해 설교자의 서재는 불이 꺼지지 않으며 손에서는 책을 놓지 않아야 한다. 말하기 위해 겸손히 듣고, 쓰기 위해 성실히 읽어야 한다.

목사가 되고 어줍잖게 배우기를 멈추면, 손에 아무것도 들지 않고 전쟁터로 나가는 것과 같다. 설교자의 마음은 늘 진리에 있어야 한다. 진리와 함께 기뻐하며,[49] 주야로 묵상하고,[50] 성경을 입에서 떠나지 않게 해야 한다.

설교자는 목수다

설교자는 목수, 즉 건축가이다. 하나님이신 그리스도가 이 땅에 오셔서 세속의 직업을 가지셨고 그 직업이 목수셨다는 사실은 공공연하게 잘 조명되지 않는 그리스도의 한 얼굴이다. 대중이 그를 처음 부른 호칭은 '목수의 아들'이었다. 고향 사람들에게 그리스도의 고착된 이미지는 목수였다. 이렇게 고착된 이미지는 그리스도의 고향에서의 사역에서 장애가 될 정도였다. 그리스도는 처음부터 고고한 생애를 사신 것이 아니라, 그저 방앗간집 아들이나, 빵집 아들 같은 그런 일상적이고, 평범한 생애로부터 시작하신 것이다.

목수일은 고달프다. 며칠 배우면 할 수 있는 형틀 목수에서, 대목장이 되기 위해서는 평생을 노력해도 수천 명의 목수 중

겨우 몇 명에게만 이 칭호가 부여된다. 목수에는 소목과 대목이 있고 대목 가운데 대목장이 있다. 대목장은 마에스트로 (maestro)다. 장인 이상의 의미를 가진, 건축가로서 최고의 영예다. 세종시대에 대목장은 정5품이었고, 철종 때는 도편수, 부편수가 있었다.

설교자가 목수라는 성찰에는 설교자가 결코 하루아침에 만들어지지 않는다는 속뜻이 담겨 있다. 세상에 모든 일이 다 그러하겠거니와 더더욱 설교자는 단기속성과정으로 급조되거나 준비없이 강단에 설 생각을 해서는 안 되는 것이다.

복음서에서 신앙은 집을 짓는 건축행위로 묘사되었다[51]. 설교자는 말씀의 재료를 가지고 신앙의 집을 짓는 직분이며, 설교는 신자들의 몸에 그리스도의 형상을 이루어가는 사역이다.[52] 그러므로 모든 목사, 즉 설교자는 대목장이 되어야 마땅하다. 이를 위해서는 공개적인 도제식 훈련의 과정을 거쳐야 한다.

칼뱅의 제네바(1536-1564)에서는 설교자의 자질검증과 올바른 성경해석과 교리적 일치를 위해 모든 설교자가 매주 공개된 자리에서 성경을 강해하고 질의응답과 토론에 임해야 했다. 바르지 못한 해석을 하거나 성실하게 준비하지 못했을 경우 일차적으로 도시의 시민들에게 노출되었고, 오후에 회집된 목회자들만의 모임에서 질책을 받아야 했다. 또 아카데미의 목사후보생들은 매주 토요일 제네바목사들과 일대일로 본문주해를 연습해야 했다.[53]

오늘날과 같이 목사를 청빙할 때 선보는 설교를 통해 회중이 목사를 선택하는 시스템이 아니라, 도시의 설교자들은 이미 도시 안에서 그의 진면목이 다 공개된 상태였다. 목사가 되고 교구를 맡은 이후에도 목사는 그 직을 마치기까지 주경신학과 조직신학을 손에서 놓을 수 없었다. 한 사람의 설교자는 공개된 신분이며 그의 사역도 공개적되어 시민들로부터 평가받아야 했다.[54]

목수의 손은 매끄럽지 않다. 그의 손은 거칠고 단단하다. 연장에 상하고 재료를 만지면서 지문은 사라지고 나무껍질처럼 투박하다. 목수에게 연장은 몸의 일부와 같이 자연스럽게 움직인다. 목수는 연장을 다루는데 장인이다. 정확하게 치수를 재어야 하고 자르고, 밀고, 박고, 세우는 과정에서 한 치의 오차도 허용되지 않는다.

또 목수는 나무에서 돌, 쇠와 못, 지질과 구조, 각 재료의 성질과 강도, 벽돌과 기와, 난방과 냉방, 공기의 흐름, 계절의 변화와 기온, 강우와, 강설, 지진과 우박과 화재를 견딜 수 있는 모든 지식을 지니고 합리적인 대안을 다루어야 한다. 목수에게 대충이란 없다. 어림짐작이나 눈대중도 없다. 모든 재료의 특징을 알고 서로 조화를 이루어 마침내 한 채의 집이, 하나의 건축물이 완성되는 것이다. 이것이 대목장이 되는 길이다.

마찬가지로 한 사람의 설교자 역시, 하나님과 인간을 알고, 성경과 역사를 알고, 모든 지식과 언어와 철학과 서적을 통달해야 한다. 그의 손과 머리와 입, 가슴이 조련되어야 한다. 철학과 논리학과 수사학, 그리고 신학에 통달하고 시인의 감성과 철학자의 논리와 혁명가의 언변과 아버지의 가슴, 농부의 성실, 투사의 전투력, 목수의 정교함을 가져야 한다.

설교자는 농부(農夫)다

설교자는 어떤 사람인가? 또, 어떤 사람이어야 하는가? 종교
개혁자들의 관점에서 인문주의의 투사를 떠올렸다면 동양적
인 문화와 정서 속에서 설교자의 또 다른 이미지는 농부의 얼
굴로 다가온다. 조부와 부친은 대대로 농사를 지으셨고, 나에
게 농부는 한 길을 걷는 직업의 원형(原形)으로 각인되었다.
당시의 농사는 귀농학교에서 배우는 차원이 아니라 어릴 때
부터 농사꾼의 집안에서 태어나 땅에 발을 딛고 흙을 만지며
배우는 것이었다. 아버지의 농법을 물려받고 아버지의 농사
철학를 전수 받으면서 장차 농부로 자라났다.

그분들에게 농사는 생존이면서 신앙이자 종교였다. 필시 당
시의 농사란 하늘을 의지해야 했다. 천수답이란 절대자의 개
입 없이는 풍성한 수확을 기대할 수 없었고, 이런 면에서 농
부는 선지자이면서 제사장이었다.

설교자로서의 농부 이미지는 성실이다. 땅은 요행을 바라는
농군을 선대하지 않는다. 땅이 정직하듯이 설교와 목회도 정
직하다. 몇 번의 호미질로 호박이 열리고, 몇 번의 삽질만으

로 쌀을 얻는 것이 아니다. 농부는 손에 지문이 지워지고 허리가 굽도록 정직한 노동을 땅에 바친다. 쌀 한톨을 얻기 위해 여든여덟 번의 손길이 간다면 한편의 설교를 위해 설교자는 얼마의 지성노력을 해야 할까?

진짜 농부는 농기구를 다루는 솜씨가 남다르다. 삽질하는게 다르고 지게지는 폼이 다르다. 땅에서 잔뼈가 굵었고, 흙의 속성, 물의 속성을 알고, 계절과 기온을 알아 씨를 뿌릴 때와 물을 댈 때, 가지를 칠 때와 열매를 솎아낼 때를 안다. 불어오는 바람의 성질과 내리는 비의 성질을 알고 땅의 기력을 안다. 성실한 농부의 논과 밭은 잘 정돈된 이랑과 곡물들이 가지런하고 윤기가 난다. 흔한 잡초도 병해도 없다.

조부께서는 땅은 농부를 닮는다고 하셨고, 어머니는 언제나 '저 집 밭을 봐라. 얼마나 부지런하냐!'라고 하셨다. 설교자의 서재에 먼지가 쌓이고 곰팡이가 피어 있다면 그의 설교는 흉작일 수밖에 없다. 원문을 다루고 본문의 배경을 파악하여 교훈을 회중의 삶으로 끌어오는 과정이 여전히 서툴다면, 작은 노력을 투자하고 대박을 꿈꾸는 설교도박꾼인 것이다.

참 농부는 곡식의 소중함을 알고 땅의 소중함을 안다. 참 설교자는 성도들을 소중히 알고 특히 설교와 성경의 중요성을 아는 사람이다. 그런 설교자는 강단이 귀한 줄 안다. 강단에 설 때마다 감격이 있고 두려움이 있다. 참 농부는 조상 대대로 물려받은 전답을 소중히 가꾼다.

마찬가지로 설교자에게 목양지는 소중한 것이다. 교회는 그분의 피로 세워졌고 성도들은 그분의 피값이 지불되었다. 여기에 강단의 무게가 있고 높이가 있다. 교회를 쉽게 아는 목사는 삯군이요 장사치요 도적이다. 애석하게도 종종 조상으로부터 물려받은 전답을 도박으로 날려버렸다는 이야기, 전토를 관리하지 않고 버려두어 황무지가 되어 버렸다는 이야기, 농사가 서툴러 곡물이 병들고 추수를 아예 포기해 버렸다는 슬픈 이야기를 듣는다. 목회도 강단도 농사도 충성된 종을 필요로 한다.

농사에는 하농, 중농, 상농이 있다. 하농(下農)은 잡초를 가꾸고, 중농(中農)은 곡식을 가꾸고, 상농(上農)은 땅을 가꾼다는 말이다. 같은 농사라도 수준이 다르고 차원이 다르다. 설교자의 세계도 그렇다. 설교자의 세계에서 하수는 자기 힘으로 자신의 내재된 능력으로 설교하는 사람이다. 그러나 고수는 자신이 아닌 성령께 의지하고 오직 말씀을 단순히 전하는 사람이다. 이 사람은 하루종일 우직한 소처럼 밭을 갈고, 땅을 가꾸어 토질을 개선한다. 새벽에 일어나 논물을 대고 저녁에 삽을 씻는다.

6 설교자의 여가

설교자와 여행

돌아보면 설교자로 30년을 살아오면서 여러 방면에서 영향을 받았다. 먼저는 신학수업과, 지난했던 학위과정의 강의, 토론, 독서, 글쓰기에서 영향을 받았다. 또 신학도로부터 담임목회자까지 교회와 교단, 신학교의 사역을 통해서도 영향을 받았다. 이 외에도 결혼생활을 통해, 아내와 자녀들을 통해서도 영향을 주고받았다. 친구들, 선후배와 동료들을 통해서도 영향을 받았다. 이 모든 것 가운데 하나를 뽑으라면 조금도 주저하지 않고 "여행"이라고 말하고 싶다. 설교자에게 여행이 어떤 영향을 미치는가 하는 것은 조금 서정적인 느낌을 준다. 어느 설교학 강의에서 그렇게 가르치겠는가? 그러나 나는 주저하지 않고 여행을 말하고 싶다. 설교가 벽을 만나면 여행을 다녀오라고 말하고 싶다.

여행(旅行)이란 무엇인가? 사람들은 일찍이 여행의 중요성을 알고 있었던 것 같다. 이미 생의 여정에서 여행은 깊숙이 사람들이 삶의 일부로 들어와 있었다. 그 가난한 시대의 학창시절에도 졸업여행이 있었고, 힘들게 시작하는 결혼생활도 신혼여행으로부터 시작해야 한다는 것을 알았으니 말이다.

"어디 좀 다녀오면 좋겠다", "그렇게 힘들면 여행이라도 좀 다녀와"라는 말을 종종 듣거나 한다. 굳이 설교자와 여행을 연결하지 않아도 여행은 모든 인간의 생의 여정에서 필요한 것이다.

여행이 좋은 점은 말로 다 할 수 없다. 먼저 여행은 설렘이다. 설렌다는 것은 이미 좋은 일이 시작되는 것이다. 현실에서 물리적으로 분리되기 때문에 생각지도 못한 새로운 일들이 생겨난다. 전혀 생경한 풍광과 공기, 음식, 문화를 만나면 재창

조(Recreation)가 일어나기 때문이다.

기차가 역 플렛폼에서 서서히 멀어질 때 창에 기대서 창문을 통해 보이는 풍경은 설교자에게 더할 수 없는 영감을 가져다 줄 것이다. 설산으로 둘러싸인 히말라야의 롯지에서 쏟아지는 별들을 바라보며 포터들과 어울려 커피 한 잔을 마실 때, 자연과, 인생, 두고 온 친구들이 떠오를 것이다. 여행지에서 읽는 오 헨리의 마지막 잎새와 생 텍쥐베리의 어린왕자는 설교자의 정서를 새롭게 해줄 것이다.

설교자는 할 수 있으면 단체 여행보다는 단독 여행이, 아니면 적은 수의 친우들과 여행하는 것이 좋다. 한때 치렁치렁 카메라 가방을 둘러메고 떠나기도 했지만, 이것이 얼마나 집착인지를 안 후에는 묵상을 방해하는 카메라 가방을 아예 가져가지 않게 되었다.

설교자에게 좋은 여행은 생각할 수 있는 시간이 주어지는 여행이다. 나는 설산 여행을 즐겼다. 에베레스트와 안나푸르나는 가장 격한 충격을 주었던 여행이었다. 설산 트레킹은 육체의 한계를 넘나들면서 오직 걷고 생각하는 것만 할 수 있기 때문에, 설교자는 트레킹을 통해 기억의 창고에서 모든 것을 소환하여 몇 번씩이나 다시 생각하고 생각할 수 있다.

기차여행은 무조건 추천한다. 생각하는 것에는 기차여행보다 좋은 것이 없다. 자이언티의 "집에 있어도 집에 가고 싶다"는 노래가사처럼, 여행을 가서도 자꾸 무엇인가를 하려고 하는 사람은 여행이 주는 참된 선물을 얻을 수 없을 것이다. 굳이 히말라야의 설산이 아니더라도, 떠날 수 있으면 이미 여행이 시작될 수 있다.

좀 웃기는 이야기일 수 있는데, 여행은 자신이 정말 좋아하는 것이 무엇인지를 가르쳐 준다. 자신이 좋아하는 책이 시집인지, 소설책인지 가르쳐준다. 어떤 음악을 좋아하는지, 사고 싶은 것, 먹고 싶은 음식, 또 내가 진정 사랑했던 사람은 누구인지도 알려준다.

여행은 자신을 이해하고 용서하고 위로하는 과정이다. 이런 일련의 과정이 설교자에게 필요하다. 루터는 종교개혁 전에 로마로의 여행이 그에게 결정적인 영향을 주었다. 칼뱅도 예기치 않은 여행을 통해 종교개혁의 중심에 서게 되었다.

설교자와 독서

일하는 사람의 모습은 아름답다고 말한다. 그렇다면 설교자에게 아름다운 모습, 설교자다운 모습은 무엇일까? 아마도 설교자가 한 편의 설교를 위해 분투하는 모습일 것이다. 분투한다는 것은 단지 한 편의 설교문을 작성한다는 의미가 아니라 최고의 설교를 위해 자신을 설교단으로 부르신 절대자 앞에서, 또 자신의 설교를 듣기 위해 모인 회중들 앞에서 부끄럽지 않은 설교를 위해 몸부림치는 모습일 것이다. 그런 몸부림은 기도로, 묵상으로, 독서로 나타난다.

설교문은 서재나 도서관에서 작성될지 모르지만 설교는 기도에서, 메시지는 묵상에서 나온다. 그의 설교의 근육을 단단히 해주고 기름지게 하는 것에서 독서를 빼놓을 수 없다. 필자는 도무지 책을 읽지 않는 설교란 성립될 수 없다고 생각한다. 한두 편의 설교로 평생을 우려먹는다는 전설적인(?) 부흥사가 아닌 다음에야, 동일한 강단에서 평생 설교를 듣는 회중앞에 서는 지역교회의 설교자에게 독서 없는 설교는 사다리없이 2층으로 올라가려는 것과 다를 바 없다.

사도 바울도 읽어야만 했다. 시시각각으로 죽음이 가까워져 올 때도 사도는 읽어야만 했기에 드로아 가보의 집에 두고 온 가죽 종이에 쓴 책을 가져올 것을 부탁했다.[55] 개혁자도 읽어야 했다. 청년 칼뱅이 친구 프랑수아 다니엘에게 보낸 편지를 보면 푸시우스의 책과 친구에게 빌려준 호메로스의 오디세이를 돌려받고 싶다는 이야기를 한다.[56] 칼뱅은 훌륭한 서재가 갖추어진 친구 루이 뒤 티에의 집에 머물면서 기독교강요를 썼고, 대학과 출판의 도시 바젤에서 이 책을 출간했다.

아무리 벽촌의 교회당에도 서재를 갖춘 목양실이 있었고, 가난한 목회자는 있어도 책을 사지 않는 설교자는 없었다. 연구하지 않고, 공부하지 않는 목사는 비난을 받았고, 책을 읽지 않는 목사는 성실하지 않은 목사를 의미했다. 그래서 가난한 교회도 목사의 도서구입예산을 책정했고, 목사에게 최고의 선물은 늘 책이었다. 목사에게 골방, 심방과 함께 책방이 필요하다는 것에 모두가 공감했던 것이다.

설교자에게 독서는 설교준비를 위한 독서가 되어서는 안 된다. 설교 자료를 찾기 위해, 인용이나 예화거리를 구하기 위해 이 책, 저 책을 훑어보는 것은 결코 독서라고 할 수 없다.

발레리나의 발이 기형처럼 보일만큼 휘어 있는 것처럼, 목수의 손등이 나무껍질처럼 딱딱한 것처럼 설교자에게 독서는 몸에 베인 흔적이어야 한다.

설교자는 독서에 관해 대가가 되어야 한다. 설교자는 책이 손에서 떠나지 않게 해야 한다. 책을 읽지 않고 평생 공부하겠다는 각오가 없다면 설교자로서의 외적소명이 없다고 할 수 있다. 설교자에게는 평생에 걸친 장기 독서계획이 있어야 하고, 일년에 걸친 단기 독서계획이 있어야 한다. 너덜너덜해져서 몇 번이나 제본을 다시하면서까지 계속 읽어야 할 기본서가 있고, 반드시 읽어야 할 필독서가 있다. 또 분야별, 시대별, 주제별로 참고서가 있다. 기본서 10권, 필독서 100권, 참고서 1,000권은 정독을 조건으로 할 때 최소한의 기본 독서량이라 할 수 있다.

이런 기본 독서량 외에도 전문적인 교수사역이나 집필가로, 혹은 연구자를 겸한다면 독서분량은 기본 독서량의 최소 10배에 이르는 전문 독서량으로 늘어난다. 예를 들어 수도원 운동을 연구하려 한다면 베네딕트와 관련해서만 최소 10권 이상의 전문서적을 소화해야 한다.

기본 독서량에서 전문 독서량을 채우고도 생활 독서가 요청된다. 생활 독서란 신문, 포털, 월간지, 학회지, 논문집, 각종 뉴스, 시사물, 신간서적, 영화, 음악, 미술전시, 학회와 각종 공연을 의미한다. 다양한 매체로 "오늘"을 읽는 것이 생활 독서라 할 수 있다.

독서는 얇으면서 두텁게, 빠르면서 느리게, 얕으면서 깊게 읽어야 한다. 또 메모와 요약, 토론과 기고가 함께 가야 한다. 독서의 꽃은 집필과 강론이다. 아마존에서 뿜어져 나오는 엄청난 산소처럼 독서는 글과 말을 풍요롭게 한다. 동일서적을 한 번 읽는다고 다 읽은 것이 아니다. 기본서라면 20대에 일독을 하고, 30대와 40대와 50대에도 각각 읽어야 한다. 시력은 침침해지겠지만 성찰은 더 깊어지고 생의 이해가 높아짐에 따라 깨달음도 깊어진다.

책을 많이 가진 것과 많이 읽은 것은 다르다. 또 깊이 읽은 것은 다르다. 독서는 당신의 사역과 학문을 결정짓는다. 특히 성경은 매일 읽어야 하고 독서의 중심에 있어야 한다. 한 수레의 책을 읽어도 성경을 읽지 않는다면 가장 무지한 다독자가 될 것이기 때문이다.

성경을 읽는다는 것

성경을 읽는다는 것은 실로 어마어마한 일이다. 성경은 살아 있으며, 성경을 읽는 사람의 심령과 육체에 관계한다. 성경은 매우 유익하다. 인생과 지혜에 있어 탁월하며 구원의 도리를 가르친다. 성경을 읽을 때는 성령의 도우심이 필요하며 성령의 조명을 통해 우리는 놀라운 지식을 깨닫게 된다. 하나님은 모든 인간의 마음에 신성의 의식(sentiment)을 새겨주셨지만 세상의 구성물에 새겨둔 자신의 형상과 모양의 불충분함을 보시고 하나님의 말씀을 글로 작성하기를 원하셨다. 그러므로 이 특별계시는 미련한 우리들에게는 최상의 선물이며, 만일 우리가 이 말씀에서 이탈한다면 우리는 우리의 경주가 아무리 빨라도 길 밖에서 달리기 때문에 결코 목적지에 도달할 수 없을 것이다. 길 밖에서 매우 빨리 달리기보다 길 위에서 절뚝거리는 편이 더 낫다.[57]

기독교 고전을 읽는 것은 마치 거대한 지식과 경건의 숲을 걷는 것과 같다. 온통 계몽주의에 찌들어 있는 우리가 고전의 거리를 걷고 나면 지성이 정화되는 느낌을 받는다. 우리의 지성이라는 것이 얼마나 병들었는가? 스콜라적이고, 합리주를 치켜세우고, 논리적이라며 우기고, 하나님의 자리를 차지하고 앉아서 판단하며, 한낱 피조된 유한의 존재가 극히 제한된 지성의 능력으로 진리를 재판하고 있다. 연약한 것이 비단 지성이랴, 우리의 이성 또한 얼마나 유약한가? 흔들리며, 감정적이 되고, 유행에 휩쓸리고, 그나마도 처참하게 부수어져 형체를 알아볼 수 없는 하나님의 형상을 따라 지어진 속성마저 매우 제한적으로만 사용하는 것이 우리의 이성이다. 기독교의 고전은 이런 우리의 연약함에 일정 부분 해독제가 된다. 나는 거의 매일 성경과 더불어 기독교강요를 읽는다. 초판과 2판, 최종판을 비교하며 읽어간다. 그리고 지극한 희열을 느낀다.

나는 나의 이런 생활을 사랑한다. 일정한 시간에 기도하고 성경과 고전을 읽는 패턴이 내겐 좋다. 시대와 문명이 주는 적당한 유익도 누린다. 온라인을 통해 전 세계의 도서관과 책자들에 대해 무한한 지식과 정보를 얻을 수 있고, 다양한 사람들의 지성의 향기를 접하며 비록 대면하여 보지는 못했지만 그들의 글과 나눔, 문명적 대화를 나눌 수 있어 좋다. 물론 좋지 않은 일도 있다. 그러나 지성의 근육으로 견딜 수 있고, 이성의 뼈로 버틸 수 있다. 종종 SNS 친구들의 포스팅과 함께 차를 마시노라면 그들과 탁자에 함께 앉아 있다는 느낌을 가지곤 한다. 그야말로 호모 테크니쿠스[58]요 호모 미디어쿠스[59]가 된 기분이다.

설교자와 서재

앞서 언급했듯이 목사에게는 삼방(三房), 즉 심방(尋訪), 골방, 책방이 있어야 한다. 혹자는 이것을 일컬어 목회자에 대한 한국적 이해로 평가하면서 유불선의 이미지를 반영한다고 분석하기도 했다. 이제 어느덧 한국선교역사도 135년이 지났으니 기독교의 고착화된 이미지를 언급하는 것을 과하다 말하기도 어려울 것이다.

목사는 어떤 사람인가? 최근 한국사회에서 목사의 이미지는 우호적이지 않다. 매스컴에 오르내리는 목사는 광장의 깃발을 든 선동가로, 대기업의 CEO와 같은 경영자로, 사교의 비밀을 지닌 신비주의자로 등장한다. 그래서 교회의 목사, 전통적 의미의 목사는 대중의 관심에서 사라지고 온갖 기이한 군상들이 목사의 얼굴을 빼앗아 가버렸다.

목사는 가난하고 인생이 힘겨운 이웃들의 벗이요 진리를 찾는 구도자들의 교사요 지역교회에 속한 신자들의 목자이다. 목사는 갇힌 자와 병든 자를 심방하고, 골방에서 기도하며, 말씀을 강론하기 위해 책방에서 씨름하는 사람이다. 목사는 이웃과 신자들과 생사고락을 함께 하기에 웃는 자리, 우는 자리에서 그들과 함께 있다. 또 시대와 교우들의 애환을 가슴에 안고 기도하는 사람이기에 그 무릎엔 굳은 살이 붙고, 눈물이 그치지 않아 눈이 짓무른 사람이다. 그리고 신자들을 바르게 가르치기 위해 손에서 책을 놓지 않고 서재에서 씨름하는 사람이다.

개혁파 교회에서 목사는 성경을 강론하는 설교자요 성경을 교육하는 교사이다. 칼뱅이 1541년 제네바교회의 표준법령을 만들면서 4중직제를 제시하였는데, 그 첫째가 목사요 둘째가 교사였다. 교사란 실상 박사와 교수를 의미했으므로 에베소서에서 사도가 교회의 직분을 말할 때 언급한 목사이자 교사인 사람을 의미한다. 이런 측면에서 목사의 자리는 성경을 연구하여 가르치고 강론하는 자리이다. [60]

목사에게 책방, 즉 서재란 가장 오랜 시간을 머물며 묵상과

연구가 이루어져야 할 진리의 공방(工房)이자, 작업실이다. 목사는 이 서재를 집무실로 삼아야 하며, 이 공간에서 성실하고 정직해야 한다. 아무도 지켜보지 않지만, 이 공간에서 길어올린 차갑고 시원한 냉수가 회중에게 생명수가 되어 영혼의 갈증을 해결해 줄 것이다. 무릎이 연약한 이를 잡아 일으키며, 구부린 어깨가 펴지도록 용기를 주며, 지친 이들을 다독이는 위로의 메시지를 준비하는 곳이다. 이 공간은 진리에 주린 회중들의 영혼의 양식을 위한 방앗간이자, 어머니의 밥상이 준비되는 부엌이다.

제법 내놓으라 할 만한 서재를 갖춘 경우도 있겠지만 그렇지 못한 경우에라도 설교자가 평생을 이 거룩한 직무를 감당하기 위해서라면 어떤 모습으로든지 설교자의 공간은 필요하다. 서재의 형태와 규격이 별도로 있는 것은 아니지만 몇 가지 생각해볼 부분은 있다.

첫째, 독립적 공간이어야 한다. 설교를 준비하는 동안 방해받지 않고 집중할 수 있는 곳이어야 한다. 루터의 바르트부르트성(城)과 같이, 카르투지오의 성채(城砦)와 같이 설교자에게 안정감을 주는 곳이면 좋을 것이다.

둘째, 창조적 공간이어야 한다. 설교자는 매주 최소한 한 편에서 때로 5-6편의 설교를 준비해야 하고, 거기에 더해 각종 기고문과 논문들까지 작성한다면 신선한 영감을 얻을 수 있는 환경이 필요하다.

셋째, 친교적 공간이어야 한다. 칼뱅은 늘 많은 사람들과 만나고 토론하고 소통했다. 이런 상황을 감안해서 제네바 시의회는 1541년 그를 스트라스부르에서 청빙할 때 그런 주거공간과 필요한 양식을 충분히 제공했다. 이 공간은 때로 루터의 탁상담화처럼 토론과 친교가 이루어지는 환대의 장소가 되어야 한다.

서재는 설교자의 노동현장이다. 평생을 이곳에서 갇혀 노역해야 한다. 이곳에 뼈를 묻는 마음으로 살아가야 한다. 이 공간은 환희와 절망이 함께 하며, 성취와 실패가 공존하는 곳이다. 주일에 몇 차례 설교를 마치고 양복이 흠뻑 젖어서 서재에 올라오면 목회자는 막 전투를 마치고 돌아온 병사처럼 병참기지에 들어서는 것이다. 목사가 은퇴한다는 것은 설교의 직무를 내려놓는 것이요 바로 이 서재에서 퇴역하는 것이다.

나는 서재에 들어갈 때마다 늘 설렌다. 편안하고 안정감을 느낀다. 이곳이 나의 자리요 나의 현장이기 때문이다. 뾰족한 종탑이 있는 육층, 예배당의 맨 꼭대기, 이 성채에 갇힌 필경사처럼 평생을 종지기처럼 살아갈 것이다. 주께서 황폐한 성소를 향해 그 얼굴빛을 비추어 주시리라 믿으며, 늘 무슨 말을 할지를 넣어주신다는 믿음으로 서재에 올라가는 것이다.

설교자의 아내

봄이 오면 어김없이 목양실 창가에는 미스김 라일락이 만개한다. 가녀린 가지에다 꽃잎도 앙증맞으리만큼 작지만 라일락 향기는 온 방에 가득하다. 미스김 라일락[6]은 본래 북한산에서 자생하던 털개회나무(수수꽃다리, 혹은 정향나무)였는데 1947년에 미 농무성의 엘윈 M. 미더(Elwin M. Meader)가 북한산 백운대를 등산하던 중 바위틈에 자라고 있던 작은 라일락 종자를 채취하여 미국으로 무단 반입해 난쟁이 라일락으로 육종해서 '미스김 라일락'이라는 이름으로 특허등록을 한 품종이다. 원래 이름을 몰랐던 미더는 마땅한 꽃나무 이름을 찾던 중에 당시 식물자료 정리를 도왔던 한국인 타이피스트의

성을 따서 '미스김 라일락'이라고 이름지었다 한다. 미스김 라일락은 몸집이 작으면서 향기가 유독 진하고, 자라면서 꽃색이 바뀌는 특징이 있어 라일락 품종에서 최고로 치는 품종이다. 미국과 영국 화훼시장에서도 큰 인기를 끈 미스김 라일락은 70년대에 우리나라에도 역수입되어서 관상용으로 널리 보급되고 있는데, 일반 라일락보다 묘목값이 2배 이상 비싼 데도 봄이면 수요가 딸릴 정도로 인기가 높다고 한다.

나는 설교자의 아내들을 뵐 때마다 미스김 라일락을 떠올리곤 한다. 주지하다시피 대부분의 목회자와 선교사들은 열악한 환경 가운데서 사명 하나를 부여잡고 살아간다. 궁색한 살림, 많은 요구와 기대로 넘쳐나는 시선들, 일상에서 만나는 부재와 결핍의 현실, 소리지를 수도 하소연할 수도 없는 고립과 고독, 그래서 목회자 아내들을 뵐 때마다 가녀린 미스김 라일락을 떠올리게 되는 것이다. 연약해서 향기가 더 진하고 품격이 있는 것일까? 설교자 아내들은 힘든 삶 가운데서도 절제와 지조의 삶을 살아왔다. 고급양장을 입고, 명품가방을 들어서 멋진 것이 아니라 목회자 아내들에게서는 무언가 기품이 있다. 범접할 수 없는 인격의 높이와 존재만으로도 느껴지는 기품이 있다. 얼마나 아름다운가!

우리는 성령의 열매로서 '충성'을 말하기 이전에 이미 '충성'에 대한 사회학적 오리엔테이션을 거친 사람들이다. 돌이켜보면 고등학교에서 교련을 배우고 군생활을 하면서 수도 없이 외쳤던 구호가 바로 '충성'이었다. 우리는 실로 충성이 필요한 나라에 태어났고, 충성이 필요했고, 충성을 강요받았던 시대를 살아왔다. 사회에서 신앙의 공동체 안으로 들어온 후에도 '충성'은 교회를 지켜주는 중요한 덕목으로 맹위를 떨쳤다. 교회 중직자가 되는 중요한 기준이 바로 충성이었다. 임직식 때 권사님들이 입는 한복은 어쩌면 특수부대원들의 군복보다 더 충절이 느껴졌다. 그래서 우리는 나라에 충성하고 교회에 충성하고 때로는 목회자에게도 충성을 다 바쳤다.

설교자의 아내들도 예외는 아니었다. 설교자의 아내는 절대 아프지 않고, 전쟁이 나도 새벽재단을 쌓으며, 돈이 없어도 궁색하지 않으며, 싫은 소리를 들어도 얼굴에는 평화를, 어떤 사막에서도 인내를, 티를 내면서도 티가 나서는 안 되며, 유행에 뒤처지지도 앞서가지도 않는 옷을 입도록 강요를 받는다. 교회에서의 존재감은 있는 듯 하면서도 없어야 하는 절대 황금의 중도를 요구받아왔다. 어쩌면 누군가가 '한국교회 사모잔혹사'를 써야 할지도 모른다.

『내 마음의 열매 가꾸기』를 쓴 엘리사 모건(Elisa Morgan)은 성령의 아홉가지 열매 중에서 '충성'이야말로 우리의 삶 속에서 가장 자라나기 어려운 열매라고 말한다. 그녀는 '충성'을 하나님과 이웃에 대하여 성실한 것이라고 정의한다.[62] 우리 모두는 충성의 필요성을 느낀다. 그럼에도 불구하고 어떤 충성은 때로 우리는 곤혹스럽게 한다. 이른바 일그러진 충성이다. 공동체는 힘이 약해서 무너지기도 하지만 힘이 넘쳐서 무너지기도 한다. 충성은 에너지이다. 이 넘치는 에너지는 하나님께 드려져야 한다. 이 유용한 영적에너지가 특정개인이나 조직을 유지하고 강화하는데 사용되면 그 공동체는 그 힘 때문에 패망하게 된다.

우리의 교회에서도 이런 일은 얼마든지 일어날 수 있다. 하나님께 드려야 할 충성을 사람들에게 바치기 시작하면 경쟁이 일어나고 동시에 질투가 뒤따른다. 여기에 약간의 소문과 상상력이 동원되면 공동체는 심각하게 흔들리고 마침내 좌초하고 만다. 설교자의 아내는 성도들이 설교자를 신격화하고 절대화할 때 기름을 붓는 자가 아니라 찬물을 붓는 자가 되어야 한다. 한때 기분은 좋을지 모르지만 설교자를 신격화하고 절대화하는 아부꾼들은 며칠 후에는 반란꾼이 되어 돌아올 것이기 때문이다. 또한 설교자 남편이 명예를 추구하고, 돈을 추구한다면 단식투쟁을 해서라도 막아야 한다.

설교자의 아내들은 아비가일처럼 처신할 수 있어야 한다. 아비가일은 다윗의 혈기를 막았다. 지도자로서 오점을 남길 수 있었던 다윗에게 아비가일은 현명한 충고를 했고 다윗은 지혜로운 결단을 내릴 수 있었다. 또한 우리는 밧세바가 정중하게 거절하지 않았다는 사실을 기억해야 한다. 그녀가 만일 '충성'이라는 덕목을 사용했다면 다윗과 이스라엘은 엄청난 소용돌이에 빠지지 않았을 것이다. 다윗에게 책임이 없다는 것이 아니라 그만큼 여성의 영향력이 중요하다는 것이다. 『하나님을 경외하는 마음』을 쓴 조이 도우슨(Joy Dawson)은 "여성은 자신의 영향력으로 남성이 거룩한 사람이 되도록 도울 수도 있고, 거룩한 사람이 되지 못하도록 막을 수도 있다. 좀 더 편히 길을 갈 수 있도록 디딤돌 역할을 할 수 있는 사람도, 거침돌이 되어 거룩함을 해칠 수 있는 사람도 여성이다"라고 쓰고 있다.[63] 설교자의 아내들은 먼저는 자신을 수신(修身)하고, 이어서 남편을 내조(內助)해야 한다.

뼈아픈 충고는 바로 설교자의 아내들이 자기 남편에게 충성해서는 안 된다는 것이다. 그것은 망하는 길이다. 교역자들과 성도들이 남편에게 충성하도록 방조하거나 조장해서도 안 된다는 것이다. 설교자의 아내는 가장 까다로운 장로이며, 가장 비판적인 권사이며, 가장 엄정한 지도교수이자, 가장 성실한 집사가 되어야 한다. 거침없이 충언의 돌직구를 날려야 하고, 사랑의 레이저 광선으로 째려보아야 한다. 하다 하다 안되면 사택에서 소복을 입고서라도 무언의 투쟁을 해야 한다.

우리가 주님으로부터 받은 것은 섬김의 리더쉽이다. 인위적으로 충성을 강요하면 안 된다. 교역자들과 성도들이 담임목사를 존경하고 섬기는 것은 분명 아름다운 일이다. 바울과 많은 사역자들과 성도들이 보여준 아름다운 모습을 모범으로 삼아야 할 것이다. 그러나 오늘날 설교자들은 지나치게 높아져 있고, 교회 안에는 교권주의가 만연하다. 이것은 교회와 설교자에게 독이 된다. 담임목사의 생일이나 명절을 잘 챙겨주고, 항상 우호적이고, 담임목사의 편에서 일해 주는 것을 충성으로 알아서는 안 된다. 우리는 충성을 주고받는 사람들이 아니라 한 팀(Team)이며 우리의 충성은 그분에게만 돌려져야 한다. 우리는 그분에게 올려져야 할 영광을 탐내서도 안 되고 그분에게 돌려져야 할 충성을 훔쳐서도 안 된다. 이런 충고를 해줄 사람은 아무도 없다. 목회자 아내가 말해주지 않으면 목사는 벌거벗은 임금이 되고 만다.

설교자의 아내들은 미당 서정주가 노래한 한 송이 국화꽃을 피우는 사람들이다. 인내로 피어난 에델바이스이다. 사람을 살리고 공동체를 살리기 위해서 설교자의 아내는 광야학교의 수석졸업자가 되어야 한다. 인내로 내공이 다져지고 겸손으로 무장하고 말씀과 기도로 무기 삼아야 한다. 목회의 전반부를 목회자가 이끌어 간다면 목회의 후반부는 목회자 아내의 숨은 내조가 빛을 발한다. 목회의 전반부는 남편 목사의 열정과 리더쉽이 쉼표없는 성장과 전진을 거듭하지만, 목회의 후반부에는 결점이 조금씩 드러나고 열정도 리더쉽도 한계를 드러내기 마련이다. 그때 설교자의 아내들이 다져온 숨은 내조가 위기의 강을 건너고 한계의 산을 넘게 하는 것이다.

남편 목사가 성장과 전진의 구호를 드높이 들고 나아갈 때 설교자의 아내는 두 눈을 부릅뜨고 목회의 리스크를 쓸어 담아야 한다. 대수롭지 않게 여겼던 일이 나중에 가시가 되어 돌아온다. 설교자의 아내가 처음부터 분명한 원칙을 가지고 관리하지 않으면 어느새 위기의 산을 만나게 된다. 목회는 결코 운명이나 요행이 아니다. 문제는 반드시 문제가 된다. 어설픈 아마추어리즘(amateurism)을 버려야 한다. 사모의 '설마' 하는 생각이 목사를 바로 잡는다.

이렇게 설교자 아내의 자리는 힘든 자리이다. 그러나 그 충성은 아름답다. 그 헌신이 교회를 세우고 그 희생 위에 목회의 꽃이 피어난다. 설교자 아내의 그 인격과 신앙이 남편 목사의 평생의 밑그림이 된다. 주기철 목사의 부인이었던 오정모는 1939년 주기철 목사가 의성경찰서에서 7개월을 있다가 대구경찰서로 이감되었을 때 "목사님이 순교하셔야 한국교회가 삽니다."라고 말하며 다시 감옥에 갇힌 준비를 하라고 했다고 한다. 오늘 설교자 아내들도 남편 목사에게 순교하라고 말할 수 있어야 한다. 돈에 대하여, 명예에 대하여 죽으라고 말할 수 있어야 한다.

그런데 오늘날 설교자 아내들은 어떻게 하든지 남편을 살려보려고 한다. 남편을 살리기 위해서 교회를 죽인다. 주목사님 순교 후에 산정현교인들이 목사님의 동상을 세우려 할 때 반대한 사람이 오정모였다. 말년에 유방암 수술을 할 때 장기려 박사가 집도했는데, 그녀는 마취 없이 수술을 해달라고 했지만 장박사가 숨기고 마취하여 수술을 했던 유명한 일화가 있다. 투병 후 마지막 가는 얼굴이 그렇게 아름다웠다고 한다.

무엇이 설교자 아내들의 '충성'이겠는가? 거룩한 여인은 큰 영향력을 발휘한다. 자신의 일생에서 가장 커다란 영향을 미친 사람이 여성이었다고 말하는 위대한 남성이 많다. 오늘날 목회자의 아내들 역시 위기에 처해 있다. 교회가 힘들어지고 목회가 힘들어지면서 목회자의 아내들 역시 힘들다. 그러나 한나의 절박한 기도를 통해 새로운 역사의 여명이 밝아온 것을 생각하며 목회자 아내들이 기도의 전력(專力)을 쌓아야한다. 두 사람의 산부인과 간호사에 의해 애굽에서의 대역전의 역사가 시작되었던 것처럼 목회자 아내들이 흔들림 없는 신앙의 절대가치를 붙들면 민족도 구할 수 있다. 이 땅의 모든 설교자 아내들의 헌신과 희생, 그리고 다함 없는 충성에 존경과 박수를 보낸다.

안해를 본다

오월은 가정의 달이다. 어린이날이다, 어버이날이다 해서 분주하다. 그러나 정작 부부들은 오월이 괴롭다. 철없는 자식들은 오월이면 자기 어머니를 괴롭힌다. 또 늙으신 부모님들을 못본 체 할 수 없다. 사월에 부활절 헌금하고 나면 오월은 이런저런 가정사의 지출로 가정경제는 더 오그라든다. 아내는 칠남매의 셋째로 태어나 적잖은 고생을 했다. 꿈 많은 여고시절을 힘들게 보냈고, 가난한 목사의 아내가 되었다. 철없는 목사는 사명을 높여 소위 교회개척을 했다. 어린 삼남매 누구 하나 백일도, 돌잔치도 치러보지 못했다. 개척이 한참 힘들었던 시절, 둘째와 셋째는 분유조차 넉넉히 먹질 못했다. 저들의 어머니의 절망이 얼마나 컸겠는가?

안해를 본다[64]

안해는 몇번이고 내 손을 잡았다 놓았다 한다
저가 한의사도 아니면서
맥을 잡으려는 듯 그렇게
내 손을 잡았다 놓았다 했다

안해는 한 잠도 못잤으리라

물수건으로 내 몸을 연신 닦으면서
며칠은 쉬어야겠네요
설교는 신목사님께 부탁해야겠네요 한다

새벽에 깨어보니 두시
안해는 곤하게 잠들어 버렸다
나를 간호하다 잠든 것이다
내복을 입고 잠든 안해가 너무도 아름답다

세상에 이렇게 아름다운 여자가 있을 것인가
한벌뿐인 안해의 내복
몇년째 내복을 하나 더 사야겠다고 말해왔는데
올 겨울도 결국 이 내복으로 나게 생겼다

내복을 세벌이나 가진 남편이
한벌뿐인 내복을 입고 잠든 아름다운 안해를 본다
온가족과 봄소풍가는 꿈을 꾸고 있을 안해를 본다
물끄러미 부끄러이 본다

올 겨울 목회일정이 몰려서 무리했는지 감기가 찾아와 다시
기침을 하게 되었다. 매일 밤과 새벽에 기침을 해대니 아내가
고생을 한다. 한밤중에 물을 끓여오고 병원출입에 질색인 나
를 데리고 이 병원 저 병원을 다닌다. 정작에 삼남매보다 내
가 더 아내에게 고생을 끼치는 것 같다. 가정의 달에 아내를

위해 고마운 인사를 하면 어떨까 제안해본다. 모든 분이, 특히 모든 목회자 부부가 오월에는 더욱 행복하시기를 기원해본다.

7 설교자의 이해

설교자의 자기이해

종종 목회자를 가리켜 "종님"이라 기도하거나 호칭하는 경우를 본다. 공예배와 공중기도에서 목회자 자신을 가리킬 때는 목사, 목회자, 종이라 부르고, 성도가 목사님이라 하는 것은 크게 어긋나거나 거슬리는 호칭이 아니라 생각된다. 목회자가 성도님이라 하는 것도 나쁘지 않아 보인다. 그러나 목회자를 종님이라 호칭하는 것은 좋게 보이지 않는다. 종이라 하는게 맞다. 이런 호칭들의 이탈은 교직에 대한 오해와 교직의 변질이 불러온 기형이다. 지금 한국교회는 종들이 종님이 되어 있다.

목사는 하나님의 종이면서 교회에 속한, 혹은 메인 종이다. 신자들의 종이지만 신자 개인의 종이 아닌 신자들의 교회에 속한 종이다. 목사는 청빙직이므로 신임은 청빙시에만 단 한 번 이루어지고 그 후에는 신임을 물을 수 없다. 장로는 선출직이므로 원리상 임기가 있어야 하고 임기가 종료되기 전에 신임을 물어야 한다.

목사는 교단헌법에 의해 은퇴가 됨으로 행정적으로는 정년에 구속되나 소명의 차원에서는 종신에 메인 몸이다. 즉, 죽을 때까지 종됨에서 벗어나지 못하고 종으로 평생을 사는 부르심안에 있다. 목사는 교회의 소유이며 재산이다. 목사 개인을 위해 존재하지 않는다. 목사는 교회의 유익을 구해야 한다. 목사가 교회를 위해 있고, 교회가 목사를 위해 있지 않다. 목사의 사역은 마땅히 할 일을 했을 뿐이므로 자랑하거나 보상받을 일이 아니다.[65] 목사는 단지 충성하고 조용히 사라져야 한다.[66]

목사는 사람이다.[67] 특별한 존재가 아닌 공동체의 형제 중 하나이며, 군사된 자요 복음과 목양을 위해 소집된 자다. 특별한 은사나 능력을 받았다기보다 자신을 징발하신 분으로부터 일정한 은혜를 수여받아 일하는 자다. 사명과 사역이 그를 특별하게 하고 권위있게 할 뿐이다.

그 권위는 교회의 권위요 복음의 권위이지, 목사 개인의 권위일 수는 없다. 목사가 자신을 특별한 존재라고 생각하는 순간부터 수백 가지의 잘못이 시작된다. 목사는 부족한 존재이므로 하나님의 은혜를 필요로 하고, 성도들의 기도와 격려, 여러 조력자들의 동역을 필요로 한다. 목사는 돕기 위하여 늘 도움을 받아야 할 사람이다.

목사는 직(職)에 있을 때는 목사지만, 정년이 되어 은퇴하면 그가 속한 교회의 한 명의 신자로 돌아간다. 호칭은 여상히 목사라 불리겠지만 그는 이제 가르치는 자가 아니라 다시 배우는 자로, 심방하는 자가 아니라 심방을 받는 자로, 치리하는 자가 아니라 치리를 받는 자로 돌아간다. 원로목사로 추대하는 것은 계속 가르치고 설교하라는 뜻이 아니라 명예를 기릴 뿐이다.

목사가 은퇴하면, 또 교수가 은퇴하면 후임목사와 후배들에게 배우고 지도를 받아야 한다. 자신이 여전히 직을 가진 자처럼 상왕이 된다면 때와 시한을 정하신 분의 섭리를 거스르는 것이요 치리회를 어지럽히는 악한 자가 되는 것이다. 교단에서도 소위 어른이라 하여 증경이라는 헌법에도 없는 호칭을 일삼으며 간섭하는 것은 매우 잘못된 일이다.

글은 언어의 성육신이다

설교자의 말과 글의 중요성은 이해하는 것에서 설교자의 자기이해가 시작된다. 바빙크는 자신의 주저에서 이 부분을 언급하고 있다. 바빙크가 이해한 언어는 다음과 같다.

> 글은 언어의 성육신이다. 종교는 일차적으로 관념들, 가르침, 교리를 내용으로 삼는데, 이는 계시로 말미암은 것으로 언어로 표현되고, 전통을 통해 한 세대에서 다음 세대로 전달되고, 마지막으로 경전에 기록되어 보존되기 때문이다.
>
> 언어는 민족의 영혼이며, 인류의 재산과 보물의 관리인이고 사람들과 민족들과 세대들을 묶는 끈이며, 인간 세계를 연

가운데 단 하나로, 심지어 단일 의식으로 만드는 위대한 단일 전통이다. 하지만 생각이 언어로 구체적으로 표현되는 것처럼, 언어는 다시금 글로 구체화된다.

언어란 다름 아닌 청각 기호들의 유기적 조직체다. 그리고 청각 기호는 자연히 시각적 기호, 글 가운데서 안정성을 추구한다. 글이란 사실상 기호예술로서 이처럼 넓은 의미에서 모든 민족들에게 발견되나, 점차 상형문자에서 표음문자, 혹은 표의문자를 거쳐 알파벳 글로 발전했다. 그러나 글이라 얼마나 정교하고 정밀하든 불완전하다.

생각은 말보다 풍성하고, 말은 글보다 풍성하다. 그럼에도 불구하고 글은 굉장한 가치와 의미를 지닌다. 글은 지속적, 보편적, 영구적 언어다. 글은 우리와 멀리 떨어진 사람들이나 우리 이후 세대에게 생각을 전달하여 인류의 공동 자산으로 삼는다. 글은 언어를 그려 눈에 말한다. 글은 생각에 몸체와 색깔을 입히며, 동시에 지속성과 안정성을 제공한다. 글은 언어의 성육신이다.[68]

설교자의 시대이해

12세기 초 루카의 주교 란게리우스(Rangerius)는 '바벨론이

언어의 증식을 통해 고래의 악에 더 나쁜 새로운 악을 첨가시켰듯이 백성의 증가는 범죄를 대량으로 증가시켰다'라고 말했다. 언어의 다양성이 원죄의 결과들 중 하나라고 생각한 것이다. 이런 생각은 단일언어의 정당성을 주장하기에 이르렀다. 바벨탑의 고통스러운 이미지를 치유하기 위해 라틴어라는 단일언어로 신에게 나아가려고 한 것이다. 그러나 라틴어는 곧 로마교회를 무지와 타락으로 몰고 갔다. 라틴어는 특권계층의 언어가 되었고, 차별하는 언어, 대중을 지배하는 언어가 되고 말았다.[69]

종교개혁은 단일언어를 통한 종교통제를 개혁하는 것이었다. 로마교회가 세속언어라고 말한 모국어, 자국어로 성경을 번역하고 모국어로 설교와 기도와 찬송을 드리게 된 것이 바로 종교개혁이며, 1555년의 아우구스부르크 화의를 통해 공식화되고, 1648년 베스트팔렌 조약으로 완성되었다. 종교개혁은 성경언어와 강단언어의 회복이었다.

종교개혁 이후 500년간 다양한 언어를 통해 신에게로 나아가는 실험(?)이 이루어졌다. 그렇다면 과연 종교개혁자들이 꿈꾸던 교회의 개혁은 이루어졌는가? 일정부분 그렇다고 말할

수도 있겠지만, 강단의 타락이라는 부분에서는 인간의 죄악
된 본성이 제거되지 못하고 종교언어를 도구로 회중을 지배
하려는 욕망이 교회의 미래를 어둡게 하고 있다. 교회의 강단
에 겸손히 섬기는 종의 언어는 찾아보기 어렵고, 회중을 지배
하려는 왕의 언어가 넘쳐난다.

설교자의 강단언어, 설교언어는 종교의 미래를 결정해왔다.
대개 종교가 권위를 잃으면 종교언어도 권위를 잃는다. 종교
는 설교언어에서 흥망성쇠가 결정된다. 종교의 거룩성은 사
제의 제의에 있지 않고 사제가 사용하는 종교언어에 있다. 교
회의 몰락은 사제의 언어, 설교언어, 강단언어의 타락과 함께
시작된다. 한 입에서 저주와 찬송이 날 수 없듯이 거룩한 종
교에 시궁창같은 설교언어는 조합될 수 없다.

중세교회의 역사에서 한줄기 빛은 탁발수도회 순회설교자들
에게서 찾을 수 있다. 잔다르크의 고해신부로 알려진 리샤르
(Richard)는 1429년, 열흘간 계속하여 야외설교를 했다. 그
는 아침 5시부터 10시까지 이노상 공동묘지에서 설교했다.
그는 아치형 통로 위에 해골들이 가득 쌓인 납골당 앞에 서
서 설교했는데, 청중들의 눈에 그 해골들이 환히 보였다. 그

가 열한 번째 설교를 마치고 당국의 허가를 얻지 못해 설교는 이것이 마지막이라고 말하자, 청중들은 아이 어른 할 것 없이 진심에서 우러난 눈물을 흘렸고, 마치 그들의 가장 친한 친구를 땅에 묻은 것처럼 울었다. 그리고 리샤르도 울었다. 그가 마침내 파리를 떠나자, 사람들은 그가 다음 주 일요일 생드니에서 설교한다는 것을 알았다. 그래서 약 6천 명의 파리 시민들이 토요일 저녁에 파리를 떠나 생드니의 들판에서 날밤을 새웠다. 다음날 있을 설교의 장소에서 좋은 자리를 잡기 위해서였다.[70]

탁발수도회의 순회설교자들은 제도권 사제들의 언어가 아닌 세속언어, 대중이 알아듣는 언어로 설교했다. 그들의 설교는 왕의 설교가 아닌 종의 설교였고, 종의 언어였다. 대성당의 설교가 아닌, 들판과 공동묘지에서의 설교였다.

오늘날의 설교가 다시 중세화되고 있지는 않은지 성찰해보아야 한다. 설교언어가 회중의 언어에서 멀어질수록, 통제와 지배를 위한 도구가 될수록 중세화되는 것이다.

한 번의 설교로 사제 200명이 복음으로 돌아온 사건[71]

우리는 개혁자 칼뱅이 그 거대한 무지와 반대에도 불구하고 제네바에서 성경적인 교회를 건설할 수 있었는가 궁금증을 갖는다. 그는 시민권조차 받지 못한 변변찮은 신분이었기 때문이다. 그의 고백과 같이 나그네와 망명자의 신분으로도 종교권력과 맞서 싸우고 수많은 구교의 사제들과 수사들까지 굴복시킬 수 있었던 것은, 바로 그가 성경과 신학에 정통한 학자였으며 강단의 거성과도 같은 설교자였기 때문이다. 칼뱅의 한 번의 연설로 사제와 수사 200명이 한꺼번에 개혁신앙으로 돌아온 재미있는 사건이 있었다.

1536년 로잔(Lausanne)에서 개혁자들과 로마 가톨릭 신학자들 간의 종교회담이 개최되었다. 회담의 결과에 따라 한 도시가 개혁파 쪽으로 넘어올 수도 있고, 한 도시가 구교로 돌아갈 수도 있는 상황이었다. 양측의 회담이 진행되는 동안 칼뱅은 처음 사흘간은 아무 말도 하지 않았다. 나흘째 되던 날은 토론의 주제가 성만찬이었다. 로마 가톨릭 측의 유능한 변론자가 등단하여 연설문을 주의 깊게 읽어 나갔다. 그는 종교개혁자들이 아우구스티누스와 하나님의 영감을 받은 교부들의 교훈을 우습게 여기고 있다고 비난했다.

바로 그때 마른 체구에 창백한 얼굴을 한 젊은이 한 사람이 일어났다. 장 칼뱅이었다. 뜻밖의 인물의 출현에 의아해하는 모든 사람이 지켜보는 가운데 그는 입을 열기 시작했다. "거룩한 교부들에게 영예를 돌립니다. 우리들 중에 당신보다 교부를 더 잘 알지 못하는 사람이 있다면, 그는 교부들의 이름을 들먹이지 않도록 조심하여야 할 것입니다." 아무런 준비된 원고가 없는 상태에서 칼뱅은 즉석에서 로마 가톨릭 측에 의하여 제시된 여러 가지 의견들을 조목조목 신학적으로, 성경적으로 반박했다. 칼뱅은 먼저 교부 테르툴리아누스(Tertullian)의 견해를 인용한 후 주석하기 시작하였으며, 크리소스톰의 설교 한 구절을 인용하고 출처를 밝혔다. 그리고 나서는 이우구스티누스의 저작을 인용하였다. 아우구스티누스의 시편 98편에 대한 주석에서, 그리고 또 다른 곳에서, 그는 전부 아우구스티누스의 저작으로부터 인용하였다.

칼뱅은 자신의 정리된 기억 속에서 이 모든 것을 이끌어내고 있었다. 천부적인 기억력을 통해 제시되는 참된 기독교 신앙에 대한 학문적인 연설을 들으면서 양측 모두 숨을 죽였다.

그들은 자신들이 한 수 한 수 밀리다가 마지막에는 신학적으로 외통수에 몰리고 말았다는 패배감에 당혹감을 감추지 못했다. 더욱이 자신들이 자랑하는 교부들의 저작을 통해서 말이다.

칼뱅은 자리로 돌아와서 장시간의 연설로 말미암아 이마에 흐르는 땀을 닦았다. 완전한 침묵이 교회당을 가득 메웠다. 이 연설 가운데 일부 밖에 이해하지 못하는 회중조차도, 이 젊은 칼뱅에 의하여 무엇인가 진리에 대한 결정적인 증언이 이루어졌다는 사실을 직감할 수 있었다. 사제들은 서로 경악에 가득 찬 질린 얼굴로 서로를 쳐다보았다. 어떤 사람도 반박할 말을 찾지 못하였고, 감히 자신을 노출시키고 싶어 하지 않았다.

그때 프란시스 교단의 한 탁발승이 일어났다. 대중들에게 인기를 모으던 유능한 로마 가톨릭의 설교자로서 개혁을 반대하는 연설을 열렬히 하고 다녔던 장 땅디(Jean Tandy)라는 사람이었다. 다른 때 같으면 그토록 웅변적인 설교로 온 교회당을 뒤흔들어놓았을 이 사람은 천천히 말하기 시작하였다. "그동안 무지로 말미암아 하나님의 영광을 거슬러 말하고 행하였던 모든 것에 대해 나는 하나님의 용서를 구합니다. 그리고 여기 있는 모든 백성에게도 내가 지금까지 가르쳐온 잘못된 것들에 대하여 용서를 구하는 바입니다. 나는 지금부터 그리스도와 그의 순수한 가르침만을 따르기 위하여 성직의 옷을 벗어 버리겠습니다."

그날 거기에 모인 양측의 토론자들은 깊은 감명을 받았으며, 직감적으로 칼뱅의 연설이 수많은 로마 가톨릭 수도사들을 회심시켰다는 사실을 알 수 있었다. 토론이 끝난 다음날 아침, 로잔은 참된 신앙으로 돌아오게 되었다. 매춘 소굴들은 모두 폐쇄되었고, 모든 창녀들은 추방당했으며, 종교회담은 구체적인 결실을 맺기 시작하였다. 매일 매일 보(Vaux) 지역의 성직자들은 개혁을 찬성하는 입장을 밝히게 되었고, 수개월 내에 80여 명의 사제들과 아직 서약을 하지 않은 120여 명의 수도사들이 개혁신앙으로 돌아오게 되었다.

종교개혁 500주년이 지난 오늘, 교회는 세상으로부터 공격받고 있고, 수많은 질문들 앞에 서 있다. 왜 우리 시대에는 칼뱅과 같이 성경과 신학을 가지고 당당하게 회중을 압도할 하나님의 입이 없는가? 지금 이 시대의 설교자들이 강단에서 하나님의 말씀을 바르게 전하는 것이 참된 종교개혁이다.

설교자의 타자이해

설교자에게 회중은 어떤 대상인가? 설교자가 본문과 씨름하는 것이 아니라 회중과 설교 내내 싸우는 것을 본 적이 있다. 그 설교자는 회중을 적(敵)으로 이해하고 있는 것이 분명했다. 그는 마치 갈멜산의 선지자처럼 1대 850의 전투를 벌이고 있었다. 하늘의 불을 내려 회중을 다 타죽게 만들고자 하는 설교를 한 시간 내내 듣는 회중은 얼마나 고통스럽겠는가? 하늘의 양식은 커녕 욕만 실컷 듣고 가는 것이다.

이런 담임목사 밑에서 배운 교역자는 이런 설교를 '카리스마 있다, 리더쉽이 있다' 할지 모르지만, 그런 목사 밑에서 배우면 목소리만 커지고 강단언어는 거칠고, 설교자가 아닌 차력사, 검투사가 된다.

또 한번은 설교자가 마치 교장 선생님처럼 회중을 타이르고 있었다. 이 설교자는 회중을 학생(學生)으로 이해하고 있는 것 같았다. 회중은 설교가 아닌 교장 선생님의 훈시, 혹은 종 례시간에 담임 선생님의 이야기를 듣고 있는 듯했다. 회중을 어리석고 무식하며, 도대체 나아질 기미가 보이지 않는 열등 생들이요 말귀를 알아듣지 못하는 답답한 학생들로 인식하는 것이다.

어떤 설교자는 회중을 클라이언트(client)처럼 이해하고 설교한다. 그는 한 사람의 고객도 놓치지 않으려고 눈치를 돌리고 있다. 고객의 기분을 안 상하게 하려고 너무도 자상한 언어를 쓴다. 고객의 불편을 최소화하는 것이 그의 설교의 목표다. 죄나 징계와 같은 부담스런 말을 빼고, 높은 수준의 아이스브레이크와 얼음 냉수같은 예화를 준비한다. 그는 설교 중에도 실시간으로 고객들의 얼굴표정을 빠르게 스캔하면서 설교의 강도를 조율한다.

설교자가 강해설교나 삼대지 설교를 말하기 전에 회중에 대한 이해를 먼저 바르게 할 필요가 있다. 설교자의 타자에 대한 이해가 설교의 키를 쥔다. 설교자가 계속해서 회중을 학생들처럼 여기고 설교한다면, 어떤 본문을 선택하더라도 결국 설교는 뻔한 스토리가 될 것이다. 회중은 적도 아니고 학생도

아니며 고객도 아니다. 설교자는 먼저 설교자로서의 자기이
해와, 타자로서의 회중에 대한 성경적 이해를 가져야 한다.

설교자는 누구인가? 그는 먼저 사람이며, 죄인이며, 종이다.
회중과 동일하며, 회중보다 우월하거나 나을 것이 없다. 형제
중 하나요 함께 수고하는 동역자이다. 권위가 있다면 그가 전
하는 말씀의 권위가 있을 뿐이다. 그래서 종교개혁자들은 이
권위를 '불편한 권위'라고 표현하였다. 설교는 봉사(디아코니
아)중 하나일 뿐이다.

회중은 누구인가? 그들은 하나님의 백성이요 미래적 천국의
시민들이요 그리스도의 몸의 지체들이며, 설교자의 형제들
이다. 특별히 그들은 목회적 돌봄의 대상이다. 그들에게는
바른 복음과 풍성한 말씀의 강론이 필요하고 위로와 동정, 공
감, 이해, 격려가 필요하다.

최악의 설교는 설교자가 마치 딴 세상에서 살고 있는 것처럼
설교하는 경우다. 공감능력이 없는 설교에 무슨 감동이 있
고 은혜가 있겠는가? 설교자는 본문도 이해해야 하지만 동시
에 회중의 고단한 삶도 이해해야 한다. 필자는 성경을 읽다가

"내 백성을 위로하라"[72]에서 대성통곡하며 운 적이 있다.

이 고통스러운 세상을 살아가는 저 회중들의 눈물을 누가 닦아 줄 것인가? 용기를 잃은 젊은이들의 등을 누가 두드려줄 것인가? 설교자여! 웃는 자들과 함께 웃고, 우는 자들과 함께 울라. 설교자여! 먼저 네 회중을 알라!

설교하는 바다

성산포에서는
설교를 바다가 하고
목사는 바다를 듣는다
기도보다 더 잔잔한 바다
꽃보다 더 섬세한 바다
성산포에서는
사람보다 바다가 더
잘 산다

이생진, 『그리운 바다 성산포』 (서울:우리말, 1987)

3부

설
교
자
의
회
복

8 설교자의 철학

곤당골교회와 홍문수골교회

반상의 질서가 엄격했던 19세기 말에 천민은 양반과 한 자리에 앉을 수 없었다. 천민 중의 천민으로 불리던 백정의 경우 더욱 심했다. 그래서 결국 백정들은 집단으로 촌을 이루며 살아가는데, 이 백정마을 사람들은 불가촉 경계대상이었다. 1895년 무렵 서울 관자골에 있던 백정마을에 박성춘이란 백정이 살고 있었다. 하루는 그가 중병에 걸려 절망적 위기에 처했는데, 미국 북장로교 선교사 무어가 그 소식을 듣고 제중원 선교사 에비슨을 데리고 관자골을 찾아갔다. 에비슨은 뛰

어난 의술로 고종의 시의가 되어 궁궐을 출입했는데, 그런 시의가 백정마을에 나타난 것은 처음이었고 파격이었다. 에비슨은 정성스럽게 치료하여 마침내 박성춘을 살려냈다.

이에 박성춘은 은혜를 갚은 심정으로 무어선교사가 사역하던 교회에 나왔는데, 그 교회는 곤당골교회였고 양반교회였다. 그런 교회에 백정이 나왔으니 문제가 되었다. 양반들은 양반교회에 어떻게 백정이 나올 수 있느냐면서 박성춘을 다른 교회로 보낼 것을 요구했다. 그러나 무어목사는 하나님 앞에 모든 인간은 다 평등하다며 그들의 요구를 일축했고, 결국 양반교인들은 홍문수골에 따로 교회를 세워서 나가고 말았다. 이 과정에서 박성춘은 충격을 받았지만 양반들이 떠난 빈자리를 채우기 위해 서울 근교 백정마을을 찾아 다니며 전도했다. 사람 대접해주는 종교, 박성춘에게 교인이 된다는 것은 곧 인간이 된다는 것을 의미했고, 곤당골 교회는 백정과 천민들로 가득차게 되었다.

홍문수골로 나간 양반들은 이런 곤당골교회를 첩장교회(첩과 백정놈들이 다니는 교회)라고 무시했지만 곤당골교회는 계속 성장했다. 3년 후 교회를 합치자는 홍문수골 교인들의 제안을 받아들여 탑골에 새 예배당을 마련하였는데, 이것이 오늘날 인사동에 있는 승동교회이다. 1911년 승동교회에서 처음으로 장로를 뽑을 때, 양반 출신이 아닌 박성춘이 초대장로로 선출되었다.

목사가 어떤 철학을 가지고 목회를 하고, 설교자가 어떤 철학을 가지고 설교하느냐에 따라서 곤당골 교회가 되고 홍문수골교회가 된다. 곤당골교회는 주님의 마음을 알았던 교회였지만, 홍문수골교회는 양반의 마음을 알았던 교회였다. 교회의 분위기가 어땠을지 상상해 보라. 곤당골교회는 누구든 올 수 있는 교회였지만, 홍문수골교회는 어떤 사교 클럽처럼 일정 지위를 가진 사람들만 오지 않았겠는가? 오늘날의 교회를 돌아보게 한다.

한 사람 철학

지금 한국사회는 팽창시대에서 성장한 소위 부흥세대가 기성세대가 되어 각 분야를 이끌어 가고 있다. 그래서 한국사회의 기저에는 성장논리가 깔려 있다. 교회도 예외는 아니다. 새롭게 담임목사를 청빙하는 교회들을 살펴보면 청빙의 주체가 되는 부흥세대들이 담임목사를 청빙한다. 이들은 목회자의 청빙을 통해 제2의 부흥기를 맞을 수 있다고 생각한다. 좋은 목사님을 모셔서 교회를 성장시키자는 것이다. 그런데 이것은 그들의 과거 성장 경험에서 나오는 것이다. 실제로 한국사회는 전후 복구시대를 거치면서 각종 분야에서 기록을 갈아치우며 고도성장을 달려왔다. 그 가운데서도 1988년 올림픽이 기폭제가 되어서 폭발적 성장을 이루었다. '잘살아보세'는 한국사회의 표어였다. 인구성장이 너무 빨라 저출산 정책을 펼칠 정도였다. 이런 분위기에서 교회도 예외는 아니었다. 오죽하면 교회 성장학이 있겠는가? 노먼 빈센트 필(Norman Vincent Peale)의 『적극적 사고방식』(The Power of Positive Thinking)은 번영신학의 교과서가 되었다. 이후에 나온 릭 워렌(Rick Warren)의 『목적이 이끄는 삶』(the purpose driven life)도 결국은 노먼 빈센트 필의 매우 세련된 버전으로 볼 수밖에 없다.

축제는 끝났다. 맥시멈의 시대에서 미니멈의 시대로 돌아섰다. 더 이상 10인용 밥솥은 필요없다. 한국사회는 출산율 0.98명의 나라가 되었고, 서울은 0.68명을 기록했다. 수도권도 인구유입이 없다는 가정하에서 교회가 맞게 될 충격은 상상할 수 없을 정도이며, 이미 인구유출을 경험하고 있는 비수도권 지역의 교회들은 교회의 존립마저 위협 받는 실정이다. 이런 상황 가운데서 목회를 준비하는 교회와 목회자들의 마음은 복잡하다.

지도자는 망원경과 현미경을 다 가지고 있어야 한다. 유대에서 땅끝을 바라보아야 하고, 땅끝을 꿈꾸면서도 사마리아를 놓치지 말아야 한다. 이런 면에 대해서 자크 엘륄(Jacques Ellul)은 '세계적으로 사고하고 지역적으로 행동하라'[73]는 말을 남기기도 했다. 아무리 위대한 비전을 가졌어도 구름 속에서 살 수는 없다. 발은 땅을 딛고 있어야 하고, 소처럼 밭을 갈고, 씨를 뿌려야 한다. 지도자는 큰 그림(Big Picture)을 그리면서도 디테일(Detail)을 잃지 않아야 한다.

모든 목회자는 디테일 드로잉(detail drawing)을 가지고 있어야 한다. 이런 의미에서 사역에도 미니멀리즘(Minimalism)이 필요하다. 거품과 과대포장을 걷어내고 본질이 뚜렷하게 부각되게 하는 것, 사역이 선명하고 명료해지는 것이 사역의 미니멀리즘이다. 미니멀리즘을 라이프스타일로 삼은 사람들이 하는 말을 들어보면 버리는 것과 가지는 것의 기준이 '설레는 것'에 있다고 한다. 그런 의미에서 사역의 미니멀리즘은 교회 공동체와 신자들의 삶에 새로운 동기를 부여하고, 경화되어가는 신앙에 역동성을 살리는 것이라 할 수 있다. 그렇다면 어떻게 해야 할 것인가?

먼저, 많이 버려야 한다. 버리는 것은 선택을 선명하게 한다. 사역이 20가지, 30가지가 되고, 구호가 10개가 넘어간다면 팔로워들은 지금 자신들이 어디로 가고 있는지를 알 수 없다. 사역은 종합상사가 되면 안 된다. 신자의 삶이 전 방면, 전 분야에 걸쳐 있기 때문에 교회가 신자들의 삶에 관여하기로 하면 신앙적인 것은 말할 것도 없고, 심지어 건강, 재무관리까지 챙겨주어야 하는데, 그러다 보면 이것도 저것도 아닌 상황을 맞을 수 있고, 몸과 마음은 사역에 지쳐 가는데 달라진 것은 없는 최악의 상황이 될 수 있다. 여기서 지도자가 알아야 할 것은, 버리는 것이 포기하는 것이 아니라 오히려 살리는 것이라는 점이다. 신자의 삶과 신앙, 그리고 교회 공동체와 사역은 유기적이다. 가장 본질적인 부분이 회복되고 그 기능을 발휘하면 상승효과(synergy)가 나타나게 된다.

가장 소중한 것을 선택하라. 사역에서 무엇을 선택할 것인가? 사역의 가장 중심에 무엇을 둘 것인가? 그것은 사람이다. 하나님은 사역자들에게 사람들을 맡기셨다. 그렇다면 사람들의 무엇을 선택할 것인가? 사람들의 어떤 필요에 대해서 반응할 것인가? 바로 가정이다. 가정은 최초의 공동체이자, 가장 기초 단위의 공동체이면서, 가장 중요하고, 가장 본질적이다. 가정은 남성과 여성, 부모세대와 자녀세대, 노년, 중년, 청년, 청소년, 어린이를 포함하는 종합적인 공동체이다. 가정은 곧 교회이면서, 곧 하나님의 나라이다. 필자는 그래서 교회의 10년 표어를 "신자, 가족, 시민"(엡2:19)으로 삼았다. 신자만을 강조하는 분위기를 가족, 가정이라는 주제에 집중했다. 그래서 주일에 대한 표어를 "하나님과 함께, 가족과 함께"로 정하고, 주일은 예배를 드리고 나서 가족들과 함께 시간을 보내는 날로 의미를 부여했다. 이런 가치기준에 따라 많은 것이 변했다. 일단 주일은 여타의 교회행사를 줄이고, 금지시켰다. 주일예배를 가장 중심에 두고 나머지를 가정으로 향하도록 하였다. 단순히 집에서 쉬는 것이 아니라, 가족들과 질적인 시간을 보내도록 유도하고 그 정점에 바로 가정예배를 위치시켰다.

가정예배는 신앙의 꽃이다. 이것은 개혁신학과 청교도 신앙과도 맥을 같이 한다. 한국교회의 성속 이원론과 역동성을 잃어버린 모습을 개인주의적 신앙에서 원인을 찾는다면, 가정은 가장 위기에 처해 있는 공동체이면서 가장 먼저 회복되어야 할 대상이다. 많은 교회에서 여러 프로그램을 실시하고 있지만, 성경을 보면 신앙과 관련된 역할에서 결코 교회가 모든 사역의 주체가 아님을 알 수 있다.

성경은 가정의 역할, 부모의 역할을 강조하고 있다. 지금 한국교회는 모든 신앙의 책임을 100% 교회가 맡고 있다. 그러나 교회는 이미 동력을 잃었고, 실제로 교회가 모든 것을 할 수도 없다. 나라를 잃은 민족 이스라엘이 어떻게 살아남았는가? 바로 가정이다. 교회가 자녀세대의 신앙교육까지 책임을 지는 시스템은 결코 성경의 아이디어가 아니라 영국 산업혁명의 산물일 뿐이다. 필자는 교회의 각 교육기관의 역할과 중요성을 충분히 인정하면서도, 동시에 가정의 역할이 있다고 믿는다. 오늘날 부모들은 자녀들의 신앙교육마저도 아웃소싱하고 있는 것이다.

어떻게 집중할 것인가? 먼저는 철학이 정립되고, 전략이 나오고, 전략을 구체화하기 위한 디테일 드로잉이 나와야 한다. 교회는 사람과 가정이라는 가치에 집중하기 위해서 교회가 할 일과, 가정이 할 일을 정리하였다. 도식화하자면 곧 교회는 제자훈련, 가정은 가정예배이다. 교회는 가정을 지원하고, 교역자는 성도를 지원하는 체계이다. 그래서 많은 조직과 사역을 여기에 맞게 정리하였다. 한마디로 작은 교회를 지향하는 것이다. 결코 교회가 모든 것을 하는 구조가 아니라 교회와 가정이 균형을 이루는 것이다. 이런 것이 어느 정도 자리를 잡으면서 자연스럽게 다시 교회, 가정, 사회로 균형을 잡아가는 것이다.

이를 위해서 필요한 것은 신자들을 수단화하는 것이 아닌 신자들을 섬기고, 돌보는 철학이다. '타자에 대한 이해'가 필요한 것이다. 바울은 이것을 에베소서 5장에서 남편과 아내의 비유로 설명하였다. 목회는 하나님께서 맡기신 사람들을 돌보는 것이다. 그러나 목회가 고도화되면서 하나의 직업적인 속성이 나타나고, 효율성과 생산성이 목회의 지형도를 결정하고 있다.

오늘날 교회는 커뮤니티가 아닌 소사이어티가 되었다. 목회자도 전문인이 되었고, 실적에 목을 메고, 규모와 외형에 매달리게 되었다. 그러나 목회는 사람이다. 목회자가 사람들이 시야에서 사라지고, 건물과 조직과 행사, 인쇄물들과 시설, 영상물이 눈에 들어오면 안 된다. 사역의 미니멀리즘이란 사람에게, 한 영혼에 집중하는 것이다. 사역의 진정한 디테일은 따뜻함이다. 우정과 인간미이다. 한 사람에 대한 이해, 한 영혼에 대한 간절함이다. 그런 의미에서 심방은 결코 과거의 목회방식이나, 구식 목회스타일이 아니다. 물론 과거의 대심방과 같은 것을 오늘날 현대목회에 완전히 적용할 수는 없겠지만, 그 정신과 원리는 중요하다.

심방이란 현장을 찾아가서 손을 잡고, 눈을 맞추는 것이다. 연탄은 떨어지지 않았는지, 방에 불은 따뜻하게 들어오는지, 쌀독에 쌀은 떨어지지 않았는지를 살피는 것이다. 이렇게 한 사람, 한 사람을 세우는 노력이 모여서 가정이 건강하게 세워지는 것이다. 목회자는 한 사람을 보면서 동시에 한 가정을 보아야 한다. 그 한 사람, 그 한 가정은 사역의 결과이자 최종 목표이기 때문이다.

한 사람 철학을 배워야 한다. 내가 가르치는 그 사람은 한 사람의 신자이자, 제자이지만 그는 아버지거나 어머니, 그리고, 남편이거나 아내, 그리고 부모이자 자녀이기 때문이다. 이것은 가장 본질적인 직분이요 소명이면서 은사이고, 사명이다. 이 가치를 위해서 사역의 미니멀리즘을 적용했다. 교회의 모든 구조는 가정을 살리는 방향으로 바뀌었다. 오늘날 신자의 역할, 교회의 역할, 기독교의 역할은 소리 높여 주장하지만, 어느 누구도 가정의 역할과 중요성을 말하지 않는다. 교회가 위기라고 말하면서 가정의 위기에 대해서는 침묵한다. 필자는 가정에 선택과 집중의 원리를 적용함으로 개인과 교회를 살리는 방법을 선택했다. 가장 소중한 것을 선택했다고 확신한다.

설교는 내게 늘 상처를 주었어요

KLPGA 이정민 프로가 신생대회 동부건설-한국토지신탁대회에서 우승했다. 그런데 우승소감 인터뷰를 듣는데 마음에 짠하다. 2016년 통산 7승 후 5년 만에 첫 우승이라고 한다. "골프는 내게 늘 상처를 주었어요. 어쩌면 앞으로도 그럴 겁니다. 그러나 계속 이 상처와 싸우면서 나아가야 할 것 같아요."

자신이 좋아하는 일, 프로의 길, 혹은 사명의 길을 걷는다는 것이 그렇지 않을까. 자신의 일에서, 자신의 사명에서 상처도 받고 기쁨과 성취도 누리는 것이다. 헨리 나우웬은 『상처입은 치유자』란 책에서 자신이 입은 상처로 다른 사람의 상처를 치유하는 것이 진정한 사역자라고 했다. 상처가 사람을 독하게 하고 악한이 되는 경우도 있겠지만, 하나님은 상처를 자신의 도구로도 사용하신다.

"설교는 늘 내게 상처를 줬어요" 이정민 프로의 인터뷰를 목회자의 소리로 재생하면 이렇지 않을까! 설교자는 상처를 주기도 하고 상처를 받기도 하는 사람인 것 같다. 그래서 평생을 설교한다는 것이 두렵다. 일을 많이 하면 상처도 많다. 그러나 상처는 목사를 키우고 성장시키고 참 목자를 만든다. 상처는 성숙된 설교언어를 만들어 내고 고귀한 인격을 가져다 준다.

고수와 하수

고수와 하수의 차이는 참는 것(忍)에 있다. 그 사람의 됨됨이와 수련의 정도, 경건의 능력도 참는 것(忍)에서 어느 정도 평가될 수 있다. 성경에서도 인내는 그 가치를 인정받는다. "그러므로 너희가 더욱 힘써 너희 믿음에 덕을, 덕에 지식을, 지식에 절제를, 절제에 인내를, 인내에 경건을, 경건에 형제 우애를, 형제 우애에 사랑을 더하라"[74] 8가지 덕목에서 인내는 당당히 랭킹 4위(?)에 이름을 올리고 있다.

요즘 들어 참는 것의 중요성을 절감한다. 잠언과 전도서에서도 참고 기다리고 신중할 것을 권한다. 참는 게 좋다. 속단하고, 급히 말하고, 조급하게 움직이면 대부분 후회할 일이 생긴다. 참는 자에게 복이 있다. 시험을 참고, 핍박을 견디고, 인내를 온전히 이루는 사람에게는 아름다운 열매가 기다린다.
"오래 기다리셨습니다. 3층입니다" 엘리베이터를 타고 3층을 눌렀는데, 3층에 도착하자 이런 멘트가 나왔다. 겨우 3층인데 오래 기다렸다고 말하니 "픽" 웃음이 났다. 그런데 기분 나쁘지 않다. 기다리는 사람은 참으로 칭찬받아 마땅하기 때문이다. 목회도 많은 기다림이 모여서 비로소 '목회'가 된다. 카리스마를 자랑하고, 한 성질(?)을 가진 목회자들의 마지막은 늘 쓸쓸하다. 부드러움이 강함을 이긴다. 검보다 칼집이 더 중요하다. 이제 목회 후반기의 여정에서 다시금 돌아본다.

하수의 다짐

조훈현이 쓴 책에 이런 이야기가 나온다.

바둑에는 '류'라는 것이 있다. 기사마다 기풍이 있는 것이다.
나(조훈현)의 바둑은 '제비'로 빠르고 화려하다는 평가를 듣
는다. 이창호는 '둔중' 돌부처라는 별명이 있다. 상대방의 도
발에도 묵묵하게 자기 길을 간다. 서봉수는 진흙탕 바둑을
두려워하지 않는 싸움바둑으로 '잡초'라는 별명으로, 유창혁
은 두텁고 화려한 공격으로 '일지매'라 불린다. 바둑기사에
게 자신만의 '류'는 일종의 자아이다. 바둑을 어떤 식으로 놓
는다는 것은 세상을 어떤 식으로 살아가겠다는 나만의 선언
이다. 그런데 안타까운 것은 요즘 새로운 '류'를 발견하기가
쉽지 않다. 신인들이 바둑을 두는 걸 보면 참 잘 두긴 둔다.
그런데 꼭 어디서 본 것 같은 바둑이다. 누군가의 기보, 누
군가의 정석을 그대로 두고 있는 것이다.

내 인생 최대의 행운은 나의 스승인 세고에 겐사쿠를 만난
것이다. 세고에 선생은 9년을 함께 살면서 단 한 번도 바둑
을 이렇게 두라고 가르친 적이 없다.
'답이 없는 게 바둑인데 어떻게 네게 답을 주겠느냐, 답이 없
지만 답을 찾아가는게 바둑이다.' 그 세고에 선생 밑에 딱
세 명의 제자가 있었는데 하시모토 우타로, 우칭위안, 그리
고 나 조훈현이다. 그 세 명 모두 세계 제1인자가 되었다.[75]

생각해본다. 나는 어떤 '류'의 목사인가? 일전에 우스갯소리로 낭만개혁파를 열겠다고 했는데, 정말 내가 아는게 있기라도 한건지 생각해보니 한심해진다. 몇년째 강의를 하고 있으니 뻔뻔스럽다. 그렇다. 지금이라도 좋은 목사가 되고 좋은 교수가 되어야 한다. 남의 것은 남의 것이라 하고, 내 것이 있을 때에만 내 것이라고 하자. 세고에 선생처럼 겸손하자. 빈수레를 몰면서 교통체증을 일으키지 말자. 실력도 열정도 없으면 시골 가서 밭이나 일구자. 더이상 '~체'하면서 살지 말자.

나는 세고에 선생같은 좋은 은사를 만났다. 은사님은 내게 늘 '네 생각은 무엇이냐'고 묻곤 하셨다. 그리고 논문이 마무리 되어갈 즈음에 "너만의 방식을 가져라"고 격려해주셨다. 은사님이 계시지 않았다면 난 박사과정 코스도 다 마치지 못했을 것이다. 은사님의 제자로 부끄럽지 않게 살리라 다짐해본다.

이런 저녁을 나는 사랑한다

서서히 저녁이 오고 있다. 궁산 서벽 아래 금호강으로 검붉은 노을이 흐르고, 산하가 함께 일몰을 맞고 있다. 느릿하게 그리고 물끄러미 지는 해를 바라보며 퇴근한다. 이런 저녁을 나는 사랑한다. 문명의 힘을 빌릴 필요없는 이 적정한 바람과 하나씩 켜지는 도시의 불빛들, 아파트 관리실의 안내방송마저 평안하게 들린다. "아파트는 많은 사람이 함께 생활하는 공동주택입니다." 나를 위해 저녁식탁을 차리는 내자는 반찬의 간을 보라며 몇 번이나 보챈다. 도라지 무침과 콩나물 무침, 그리고 잡곡밥과 김치에 구운 김 정도가 차려지는 것 같다. 나는 이런 식탁을 사랑한다. 서로 얼굴을 보며 천천히 즐기는 만식은 밀레의 그림처럼 평화롭다. 나는 식기도에서 내자를 위해, 그리고 이 땅의 평화를 위해 기도할 것이다.

여름과 가을 사이의 간절기에 밤은 한없이 늘어지고 새벽은 더디온다. 열대야로 잠자리가 불편하지도 않고 또 난방 없이 잘 수 있는 일년 중 얼마 되지 않는 때이다. 잠옷을 입고 조금 일찍 잠자리에 든다. 잠시 만도를 드리고 나면 이제 침대에 몸을 맡긴다. 얼마전 설치한 암막커튼이 숙면에 효과를 보고 있다. 애써서 잠들려고 하지 않는다. 오래 사용하던 베개를 바꾸고서 잘 때 자세가 평안해졌다. 하나뿐인 육신에 긍휼을 가진다. 나는 이런 잠자리를 사랑한다. 걱정없이 잠드는 것은 얼마나 행복한 일인가? 작년과 올해, 살아오면서 이런저런 일로 몸도 마음도 상했다. 그래서 어떻게 잠들고 깨느냐가 매우 중요한 관심사가 되었다.

새벽에 저절로 깰 때도 있고 알람을 듣고야 깨기도 한다. 새벽기도에 나가려면 늦어도 네시 반에는 일어나야 한다. 설교가 있으면 양복차림으로 가야해서 더 바쁘다. 머리를 감고 면도를 하고 와이셔츠를 입고 넥타이를 멘다. 내자도 분주하게 준비를 한다. 아파트를 나서 주차장에 나오면서 늘 하늘을 올려다 본다. 비오는 날이야 올려다 볼 일이 없지만 요즘같이 가을 하늘은 볼만하다. 내자와 나는 한참을 본다. 금성이 밝게 빛난다. 오리온자리와 북두칠성도 보인다. 가까운 거리라 걸어갈 수도 있지만 안전의 문제로 차로 간다. 이미 교역자들이 먼저 와서 늘 준비를 해주신다. 새벽기도는 호흡처럼 드린다. 늘 부족한 나의 기도생활이지만, 채워지고 세워지는 시간이다.

설교자들만이 느끼는 주말의 공포

해돈 로빈슨은 설교자들의 주말을 공포라고 말한다.

설교하기 전날 밤, 나는 보통 서재에서 왔다 갔다 한다. 설교에 관한 생각을 중얼거리며, 그 생각을 테스트하고, 수백 가지 생각을 비웃다가도 동전처럼 빛나는 한두 가지 생각에 기뻐하고 거기에 집중하면서 서재에서 오락가락한다. 이렇게 서재에서 왔다갔다 할 때면 숨을 죽인다. 그리고 이상한 소리를 낸다. 그러나 집은 쥐 죽은 듯 조용해야 한다. 강하신 하나님은 나를 구하시기 위해 내 곁에 대기하고 계셔야 한다. 거친 의심의 물결이 일어나 나를 삼키려 하면 나는 그때마다 '주님! 도와주세요!' 라고 소리치고 숨을 헐떡이면서 '주님, 제가 무엇을 말하길 원하세요?'라고 물을 것이기 때문이다.[76]

세상의 모든 성경 해석을 다 동원하더라도, 이 폭풍우 치는 밤의 파도타기를 하고 있는 것만 같은 나를 구해내지는 못할 것이다. 해야 할 설교가 있을 때 두려움이 몰려온다. 겨우 몇 시간을 자면서도 꿈을 꾼다. 꿈에서, 나는 교회에 너무 늦게 도착하고 사람들은 집으로 돌아가고 있다. 설교 가운을 찾을 수 없고 내 옷은 추레하며 사람들의 얼굴은 화난 표정으로 변해간다. 설교 중에는 내가 속옷만 입고 있다는 사실을 발견한다. 가장 최악의 경우, 설교하려 했던 내용을 완전히 잊어버린다.

새벽 5시에 눈을 뜬다. 먹지 못한다. 넘어가지 않기 때문이다. 마음은 물처럼 불안하지만 사람들을 만나면 겉으로는 미소를 짓고, 부드럽게 말하며, 다정하게 인사를 나누고, 태연하게 예배를 인도한다. 설교를 한다. 누구도 목사의 몰락을 예상하지 않는다. 이러한 설교를 모두 당연하게 여기지만, 나는 하나님께 감사하며 몰래 안도의 한숨을 내쉰다. 다시 토요일이 찾아오고, 나는 눈을 크게 뜨고 두려움에 싸인 채 서재에서 왔다갔다 한다.

포숙같은 친구가 있으면 좋겠다

목회자들의 건강문제가 심각한 것 같다. 우리사회에 힘들지 않은 분야, 힘겹지 않은 계층이나 세대가 없겠지만 최근 몇몇 목사님들의 건강문제에 대한 이야기를 들을 때 공감과 위기감, 또 안타까움을 느낀다. 목회자를 어떤 직업군으로 분류할 수는 없겠지만, 일종의 정신노동, 감정노동의 성격을 가지고 있다. 수많은 사람들과 만나고 심방과 상담을 수행한다. 특히 담임목사는 교회의 각종문제에 대해 늘 '당사자'가 된다. 늘 아프거나 정신적, 정서적 문제를 겪는 분들은 대개 착하고 양심적이고 성품과 인격이 반듯한 분들이다. 그래서 더 안타깝다.

몇 년 전 J국 선교사님이 암에 걸렸다. 병원에 가서 이런저런 이야기를 듣는데 '아! 이렇게 당하면 암에도 걸릴 수 있겠구나' 싶었다. 그간의 교회 신자들, 특히 중직자들에게 당한 이야기는 들을 때는 나 자신도 위축될 정도였다.

좋은 목사 한 사람, 훌륭한 신학자 한 사람, 유능한 선교사 한 사람이 귀하다. 우리사회에 꼭 필요한 사람들이 있듯이 교회와 교계에도 꼭 필요한 분들이 있다. 그분들은 계신 것만으로도 고맙고 든든하다. 그런 분들이 위기와 어려움에 처한 이야기를 들을 때 안타깝다. 뾰족한 대안이 있는건 아니지만, 우리 모두가 루터의 선제후 프리드리히가 되면 좋겠다. 지란지교와 같은 친구가 되고, 포숙(鮑叔)같은 친구가 되면 좋겠다.

은퇴노병의 회환

"제 개인적으로는 낙도와 농어촌에서 고생하신 목사님들

앞에서 늘 도덕적인 열등감을 가지고 있습니다. 내가 그분들보다 고생했느냐 하면 그렇지 못했기 때문입니다. 목회를 외형으로만 판단해서는 안 됩니다. 저는 희생하고 성자적인 인격을 가진 목회자들에 대해서 늘 고개가 숙여집니다. 그분들을 존경하고 또 배려하는 성숙한 교회가 되면 좋겠습니다."

장차남 목사는 〈은퇴노병의 회한〉이란 글에서 세 가지 후회가 있다고 했다. 그 세 가지란 영혼의 문제, 현실의 문제, 미래의 문제라고 말했다.

나는 지난 세월, 영혼을 추구하는 설교를 많이 못했다는 자책감이 나를 때리며 천지사방으로 오합 잡동사니를 끌어모아 화려하게 수놓으려 했다는 의구심을 지울 수 없습니다. 또한 목회현실의 고뇌에 진지하게 파고들지 못한 채 현실적 사실에 쉽게 수긍하며 물량과 명예에 적당히 편승하여 세속적 이익을 편취했다는 생각을 지울 수 없습니다. 뿐만 아니라 하나님 나라에 근거하여 지상의 모든 교회조직이 미래를 향해 작동하고 진취적으로 날개를 펴가야 할 것이나 '여기가 좋사오니'라는 생각과 미래에 대한 희망결려로 가졌던 달란트마저 사장하게 되었으니 안타깝기 그지없습니다. 지금, 그 때로 돌아간다면 비율상으로 조금은 수정, 보완 되었을 것이란 생각이 듭니다.[77]

대구의 한 호텔 커피숍에서 나누었던 대선배님과의 대담은 지금도 나에게 교훈으로 남아 있다.

동네목사로 돌아가야 한다

가을비가 내리고 있다. 동기 목사님이 선교지에서 생을 마감하셨다. 남겨진 유가족, 미망인과 그의 자녀들을 생각하다가 감정이 격해진다. 오십 초반은 너무 이른 나이가 아닌가? 세상은 교회를 욕하고 지도자들을 욕한다. 그러나 에델바이스 같은, 상록수 같은 목사님, 선교사님들이 계신다. 욕하는 사람들을 이해하지 못하는 것은 아니다. 교회가 욕을 먹을 만하다. 그러나 주님을 사랑하고, 주님의 교회를 사랑하는 사람들은 이래저래 마음이 아프다.

나는 지난 몇 년간 너무 고통스러운 시간을 보냈다. 교회와, 교단의 민얼굴을 보았다. 마치 세상의 모든 종류의 사람들을 본 것 같다. '정의란 무엇인가? 정의란 과연 있는가? 정의는 어떻게 실현되는가?'에 대해 수없이 자문해보았다. 그러나 나는 동시에 희망을 버리지 않는다. 하나님이 계시기 때문이다. 그분이 역사의 주관자시기 때문이다. 또 우리 주님이 교회의 머리가 되시고, 성령을 통해 교회에 역사하시기 때문이다. 이것이 나의 유일한 희망의 근거이다.

민족과 나라를 사랑하지 않는 사람이 누가 있겠는가? 정치에 관해서는 모두가 전문가인 것 같다. 요즘처럼 고통스런 시절이 있을까 생각한다. 그런데 주장들이 대부분 편향적이고, 편파적이다. 자신들의 논리와 자료로 다른 사람들을 굴복시키려고 한다. 여기에다 소위 종교인들까지 가세했다. 온 나라가 정치로 펄펄 끓는다. 이러다가는 모두가 원수가 되고 적이 될 판이다. 나라를 하나로 아우르는 태도와 정신이 부족하다.

최근 교회세습이 문제가 되고 있다. 세습을 하는 사람들도 무리수라는 것을 알고 있을 것이다. 나는 세습과 관련해서 앞으로 기독교를 이끌고 갈 다음 세대, 청년세대의 입장에서 이 문제를 생각해볼 필요가 있다고 생각한다. 기독청년들이 앞으로 교회를 이끌고 가야 할 텐데, 교회마저 이렇게 혈연과 낙하산식으로 담임목사 자리를 차지한다면 청년들의 상실감과 실망감은 우리 기성세대가 느끼는 허탈감과는 강도가 다를 것이라고 생각한다. 기성세대가 다음 세대를 생각하더라도 자중

해야 한다. 기독교를 기성세대가 다 망쳐버리고 있다.

나는 오늘 우리시대의 목사들은 지역교회 목사로 돌아가야 한
다고 생각한다. 동네목사로 돌아가야 한다. 자크엘룰의 말과
같이 세계적으로 사고하고, 지역적으로 행동해야 한다. 동네를
살피고, 동네를 살리고, 동네의 쓰레기를 줍고, 동네 골목길을
쓸어야 한다. 나 또한 그렇게 살아가고자 한다.

9 설교자의 회복

설교자의 타락을 막는 길

> 교회와 목사의 타락을 막는 길은 목사들이 죽을 때까지 공
> 부하는 수밖에 없다.

1541년 칼뱅이 제네바에서 제2차 사역을 시작하면서, 1차 체
류[78]때와 비교하여 가장 큰 변화 중의 하나는 바로 제네바목
사회[79]가 매주 금요일 오전과 오후에 성경과 신학을 연구하
기 위해 회집했다는 것이다. 이 회합은 제네바 목사들의 자
율적인 모임이 아니라 교회 법령에 명시된 목사의 의무 중 하
나였으며, 불참하거나 성경강해 발제가 불성실할 경우 파면

의 사유가 될 정도로 강제적이었다. 제네바목사회는 아마도 1541년부터 이 모임을 시작했던 것으로 보이며 회의록의 공식적 기록은 1546년부터 시작되는데 칼뱅의 연대는 물론 베자 연대까지의 목사회 회의록이 기록으로 남아 있다.[80]

1541년 교회법령은 이 모임을 명시하면서 그 이유를 성경해석과 교리의 일치를 위해서라고 밝히고 있다. 이런 법령의 의도에 따라 제네바의 목사와 베른의 영지에 있는 제네바 소속 시골교구의 목사들은 예외없이 이 모임에 참석했고, 오전에는 순서를 따라 성경을 책별로 각 장을 연구 발제하고 동료들 사이에서 토론했다. 목사회 회장인 칼뱅은 사회를 했고 요약한 후 폐회기도를 함으로써 이 모임을 이끌었다. 오전의 성경연구모임에는 제네바의 목사는 물론 제네바아카데미의 교수, 시의원, 의사, 종합구빈원의 집사, 여성, 출판업자, 의사, 변호사, 일반시민 등이 참석했고 모든 사람이 알아들을 수 있도록 프랑스어로 진행되었다. 그리고 성경 한 권의 강해가 끝나면 엮어져 '칼뱅 주석'으로 출판되었다.

이 모임은 여름에는 오전 6시에 시작했고, 겨울에는 9시에 열렸으며 장소는 칼뱅의 집과 리브의 대학, 생 피에르에서 모였다. 이렇게 오전의 성경연구모임이 끝나면 오후에는 목사들만의 비공개모임으로 회합했는데 오후의 모임에서는 신학과 교리 문제를 발제하고 토론하였다. 오후 모임은 라틴어로만 진행되었고 일반인의 참석은 허용되지 않았다. 또한 이 시간에는 오전의 성경연구 발제가 미흡하거나 불성실할 경우 책망을 받았으며, 세 달마다 한 번씩 형제애적 견책을 실시함으로써 목사가 품위를 잃거나 범죄에 빠지지 않도록 예방적 차원에서 서로를 돌아보게 했다.

목사회의 회장으로 이 모임을 이끌었던 칼뱅은 "나는 여기에 있는 경건한 사람들은 그들의 배움에 대해 부끄러워 할 이유가 없는데, 이는 두 번의 설교를 놓치는 것보다 한 번의 성경공부모임에 참석하는 편이 더 낫기 때문이다"라고 말했다. 실제로 일반 신자와 시민들에게 공개되었던 이 성경연구모임에 많은 제네바 시민들이 참석했다. 전체 참석 인원은 약 50여 명 정도가 되었는데 목회자가 18명, 일반 신자가 32명으로 일반시민의 수가 더 많았다. 제네바목사회의 성경연구모임은 오늘날 한국교회에 어떤 의미이며 교훈을 주는가?

첫째, 성경연구모임은 제네바교회의 일치된 성경해석과 교리를 유지하는 장치가 되었다. 이 모임을 통해 이단 시비가 가려졌고, 불성실하며 비성경적인 성경해석과 이단사상으로 교회의 분열을 시도하려는 자들이 가려졌다. 제네바목사회 회의록에 의하면 성경연구모임에 두 명의 의사가 등장하는데 바로 제롬 볼섹과 세르베투스이다. 예정설과 성자의 신성을 부정했던 이 두 사람의 이단 사상 역시 바로 이 성경연구모임을 통해서 그 문제점이 대두되었고 결국 이단으로 정죄되었다. 오늘날에도 불건전한 교리와 목회 프로그램, 국적 불명의 신학이 그 어떤 여과 장치도 없이 빈번이 설교되지만, 현실적으로는 노회나 총회에 신학사상을 조사하도록 헌의되지 않는 한 규제할 방법이 없다. 제네바목사회의 주간 성경연구모임은 이러한 문제를 해결해주는 매우 구체적인 장치인 셈이다.

둘째, 제네바 목사들은 평생 공부를 했다. 바로 목사들의 연장 교육의 장이 되었던 것이다. 제네바의 목사는 목사로 재직하는 동안에 이 의무에서 예외가 되지 않았고 성경을 연구하지 않고는 목사직을 수행할 수 없도록 목사들의 평생교육이 제도적으로 강제되었다. 목사들은 그들에게 주어진 본문을 주해하는 순서를 맡아야 했고, 잘못된 주해에 대해서는 기꺼이 충고를 받아들여야 했다. 또한 논쟁적이거나 자극적이지 않게 평화롭게 토론해야 했고, 격한 논쟁이 있을 시에는 사회자가 침묵을 지키도록 지시했다. 오전 모임에 성경신학을 연구했다면 오후 모임에는 조직신학을 연구했다. 이런 목사연장교육 시스템이 1559년 개교한 제네바 아카데미와 함께 제네바를 가장 성경적인 도시로 만드는 시금석이 되었다.

오늘날도 일부 교단에서는 소속교단 목회자의 연장교육이나 평생교육 시스템을 가동하고 있다. 그러나 공적인 목사들의 연장 교육이 시행되지 않는 상황에서, 대부분의 목회자들은 각자도생식으로 각종 세미나와 모임을 통해 지식을 얻거나 목회 프로그램을 도입한다. 지금이라도 교단이 주관하는 공적인 목사연장교육이 시행되어야 마땅하다[81]

설교자가 잃어버린 또 다른 리더쉽의 이름 - 우정

우정공로(友情公路_Friendship highway)란 길이 있다. 티벳의 수도 라싸에서 네팔의 카트만두에 이르는 920km의 험준한 히말라야의 길이다. 네팔과 티벳 두 나라의 연결하는 이

도로는 태어나서 한 번은 걸어봐야 할 길로, 수많은 트레커들이 꿈꾸는 길이다. (네팔의 브리쿠티 데비 공주가 이 길을 걸어 티벳 송첸캄포의 황후가 되었고, 티벳에 처음으로 불상이 들어온 것도 바로 이 길을 통해서 들어왔다) 필자는 살아가면서 종종 이 길의 추억을 떠올리며 '길을 간다', '길을 걷는다'는 것에 대한 분명한 이미지를 준 그 여행을 잊을 수 없다. 한 길을 걷는다는 것도 가슴 벅찬 일인데 이 길에 동행자가 있다는 것은 더 놀라운 일이다. 동역자는 바로 같은 방향으로 한 길을 걷는 사람들이다.

예수님께서도 자신을 추종하는 자들에게 "나를 따르라"고 하셨다. 그분이 곧 길이었고, 트레커이셨다. 좁은 길만을 고집하셨고, 자신이 앞서 발자국을 남겨 루트를 개척하고 제자들에게 그 길을 따라오게 하셨던 분이셨다. 예수님은 같이 한 길을 걸을 사람들을 불러 모으셨다. 예수님의 등산학교의 입학조건은 다소 과격하다. 입학생들에게 선택권을 주지 않았기 때문이다. 그들은 배낭이 아닌 자기 십자가를 지고 그분이 가신 길을 걸어가야 했다. 그분은 자신이 먼저 모범이 되시고 그 길을 따라오도록 하셨다. 루트를 개척하는 세르파(Sherpa)셨다. 그리스도께서는 이 길을 함께 걷는 제자들에게 '친구'라고 하셨고[82], 친구를 위해 목숨을 버리는 것을 최고의 사랑이라고 말씀하셨다[83]. 우리가 잘 아는 우리의 그 세르파, 늘 우리 짐을 대신 지시고 앞서 걸어가셨던 그 세르파는 우리를 위해 그 길의 끝에서 자신을 희생하심으로 뒤따르는 모든 이들의 '그 길'이 되셨다.

현대인들은 참으로 외롭다. 실제로 마음을 나눌 사람이 없다. 신자들도 예외가 아니다. 현대인들의 준거집단을 보면 하나같이 경직되어 있다. 집안, 회사, 교회도 점점 형식적이고 사무적인 관계로 변해가고 있다. 신앙훈련마저 인문학 강좌를 듣는 것처럼 딱딱하다면 어떻게 되겠는가? 나는 이 시대에 인간미와 낭만이 실종된 것에 대해 애통한다. 적어도 기독교 신앙은 생명의 종교, 찬송의 종교다. 끝없는 족보 이야기와 변론을 일삼는 논쟁의 종교가 아니다. 그렇다고 초등학문에 머물러 상식조차 기대할 수 없는 터무니없는 신앙은 더더욱 아니다. 종종 성도들에게서 "목사님, 청년부 시절로 되돌아간 기분이에요." 라는 이야기를 듣는다. 우리의 교제는 진리 안에서의 교제다. 그 진리를 우리를 참으로 자유케 하는 진리다. 나는 지난 20년의 목회사역을 한 마디로 말하라고 하면 "우정"이었다고 말할 것이다.

공자는 논어에서 군자의 낙(君子三樂)에 대해 논하였다. 첫째와 둘째는 잘 아는대로 배움의 기쁨, 벗의 방문에 대한 기쁨이다. 셋째는 좀 내공이 있어야 한다. 남이 알아주지 않아도 성내지 않는 것이다. 이 경지에만 도달해도 질투와 경쟁이 일상화된 시대에 추하지 않고 흔들림 없이 졸렬하지 않은 얼굴로 살 수 있을 것이다. 추사도 군자의 낙을 논하였다. 그는 一讀(일독)이면 글을 읽는 것이 군자의 낙(즐거움)이고, 二色(이색)이면 사랑하는 사람과, 그리고 구름과 비를 즐기는 것이고, 三酒(삼주)이면 친구를 불러 세상이야기를 논하고 차를 내려 마시는 것이라고 했다. 소인배가 아닌 대인과 군자로 산다는 것이 어느 시대고 지식인의 이상이었다. 지식인의 교양으로서 우정의 문제는 결코 지엽적이지 않았다.

계몽주의의 결과 중 하나가 개인주의(individualism)다. 내가 좋으면 그게 선이고, 내가 싫으면 그게 악이다. 인간이 불편하다면 신과 경전도, 신의 장치인 창조원리도 악이 된다. 그저 사람이 먼저고 사람이 좋으면 그게 경전이 된다. 그래서 강단의 설교도, 정치도 사람들의 눈치를 보고 여론을 보는 자리에 오게 되었다. 이런 개인주의는 결국 공동체를 해체했다. 공동체의 해체는 곧 신의 질서를 교란하는 것이다.

1인 가구의 시대가 열렸다. 왜? 자이언티의 노랫말처럼 "집에 있어도 집에 가고 싶은" 상태가 되었기 때문이다. 이 집은 전원일기에 나오는 집이 아니다. 개인주의는 엄마와 딸이, 아버지와 아들이 동거할 수 없는 개인주의가 쌓아올린 절망의 독립과 고독이다. 하나님으로부터 인간이 분리되고, 남성과 여성이 분리되고, 개인이 가족에게서 분리되기에 이르렀다. 각자의 영지가 필요하고 모든 사람이 사제가 되어야 하기에 이르렀다. 마치 가나안의 종교에서 남자신과 여자신이 공존하는 것과 같다. 이런 사상의 황무지에서 신앙과 우정의 문제를 생각해본다. 멸종 직전에 처한 우정의 문제에 대해서 생각해본다.

설교자가 잃어버린 또 다른 리더쉽의 이름 - 환대

칼뱅은 자신이 목회했던 제네바에서 환대를 중요하게 여겼다. 그는 시의원들과 목회자들에게 이렇게 말했다.

나그네들을 따뜻하게 영접하는 자비로운 일을 마치 자기에게 행한 일처럼 여겨주실 정도로 높이 평가하신 그리스도의 말씀을 기억할 때마다, 나는 그리스도께서 여러분의 도시를 한두 사람의 안식처가 아니라 자신의 교회 전체의 안식처로 삼으신 놀라운 영광을 여러분께 주시기를 기뻐하신 일을 떠올리게 됩니다. 이 소란하고 참담한 격동의 시기에 주님께서 여러분을 세우셔서, 적그리스도의 신성모독적인 잔혹한 폭정으로 인해서 자신의 고국에서 추방당하여 쫓겨난 경건하고 무죄한 자들을 안전하게 보호해 주는 일을 감당하게 하신 것을 생각할 때, 여러분은 지극한 칭송을 받아 마땅합니다.

뿐만 아니라 주님께서는 여러분 가운데에서 거룩한 처소를 자신에게 봉헌하게 하셔서 순전한 예배가 드려질 수 있게 하셨습니다. 이 두 가지를 조금이라도 공공연히 침탈하거나 은밀하게 여러분에게서 빼앗아 버리고자 하는 자가 있다면, 그는 여러분의 도시에서 최고의 보석을 없애서 이 도시를 망쳐 놓고자 하는 자일 뿐만 아니라, 이 도시가 잘되는 것을 시기하여 악의적인 눈으로 바라보는 자일 것입니다. 여러분은 그들의 음모와 위협들을 무시하고서, 그리스도께서 여러분의 날개 그늘 아래 두신 교회를 보호해야 하는 경건한 직무와 순전한 신앙을 장려하는 일, 이 두 가지 난공불락의 보루를 단호히 지켜나가야 합니다.[84]

우정과 환대를 기다리며

우정과 환대는 지금 여기, 이 순간에 우리 모든 이들에게 요청되며, 또한 성경이 우리에게 주는 교훈이라고 확신한다. 예수님의 공생애는 곧 제자훈련의 장(場)인데 12명이라는 소그룹의 다양한 환경과 직업, 연령, 출신, 정치성향, 그리고 3년이라는 시간은 제자공동체의 독특한 문화와 연대감, 정서를 만들었고, 복음서를 읽는 독자들은 이들의 관계가 사제지간을 넘어 우정의 연대가 투영됨을 감지할 수 있다. 실로 예수님 역시 자신을 그들의 친구라고 천명하셨고[85] 실제로 친구로 대하셨다. 물론 예수님과 제자들의 관계를 '친구'나 '우정'이라는 단면적 개념 속에서만 바라보려하는 것은 조금 억지일 수 있지만, 설교자의 우정의 측면은 한 번쯤 성찰해볼 만한 가치가 있다고 여긴다. 또한 사도행전의 마지막 장에서 환대의 이미지를 보게 된다.

> 거기서 형제들을 만나 그들의 청함을 받아 이레를 함께 머무니라 그래서 우리는 이와 같이 로마로 가니라 그 곳 형제들이 우리 소식을 듣고 압비오 광장과 트레이스 타베르네까지 맞으러 오니 바울이 그들을 보고 하나님께 감사하고 담대한 마음을 얻으니라[86]

환대는 즉시 하나님의 나라가 임하는 것이며, 하나님의 나라를 먹고 마시며, 눈으로 보고 체온으로 느끼는 것이다. 환대가 사라진 이 삭막한 도시에는 차가운 네온 십자가만이 빛나고 있다. 예수 그리스도는 자신이 문밖에서 초청되기를 기다리시는 분으로 다가오신다. 문을 열고 세상을 향해 나아가 강도 만난 도시의 이웃들을 감싸 안아야 한다.

설교자가 잃어버린 또 다른 리더쉽의 이름 - 자족

사제들의 가난은 영광이다. 사제들이 가난했던 시대의 교회는 영광으로 빛났다. 그러나 종교수입을 약탈하고 강도들이 사람의 목을 찌르고 강탈한 물건을 나누는 것 같이 사제들이 교회의 목을 찌르듯이 하나님의 말씀의 빛을 꺼버린 다음 거룩하게 쓰도록 봉헌한 물건을 자기들의 전리품과 약탈품이라고 생각하고 가져가 버렸다.[87]

동시에 살아있는 성전(가난한 이웃)들은 제대로 돌보지 않고 가장 작은 잔이나 병 한 개를 아껴서 수천 명의 빈민이 굶어 죽는 것을 버려둔다. 아무리 넉넉한 주교구와 대수도원일지라도 그리고 기증 재산이 풍부한 성직록을 아무리 많이 겸할 지라도 사제들의 한 없는 욕심을 만족시킬 수는 없다. 그러나 그들이 자기의 죄를 면하려고, 빈민에게 분배해야 할 것을 미신적인 일에 쓰도록 신자들을 유혹하여 교회를 지으며 조상 (彫像)을 세우며 그릇을 사며 예식복을 준비한다. 이런 식으로 이 밑 없는 구렁이 일상 구제 물자를 삼켜버린다.[88]

소록도 서성교회에서

> 꼭 큰 일만 해야 할 필요는 없다. 나는 프라이팬의 작은 계란 하나라도 하나님을 사랑하는 마음으로 뒤집는다. 그 일도 다 끝나 더 할 일이 없으면, 나는 바닥에 엎드려 하나님을 경배한다.

수사 로렌스의 말이다.

영웅이 되려고 하면 결국 마귀에게 무릎을 꿇게 된다. 음흉한 미소를 지으며 자신에게 경배하라고 하던 사탄의 종이 된다. 누구도 예외가 될 수 없다. 정치적, 종교적 히어로가 되려고 하거나 정치적, 종교적 영웅을 추종하는 것은 악한 일이다.

선한 분은 한 분이시며, 우리의 지도자도 한 분이시다. 하나님에게 돌려져야 할 영광을 가로채거나 하나님이 아닌 대상에게 그 영광을 돌리는 것은 악한 일이다.

소록도 서성교회에 갔을 때 교회 입구에 시멘트 입상에 새겨진 이 성구는 내 마음에 남아 있다. 인간적 아름다움과 소망이 다 사라졌을 때 저들은 보화를 발견했다. 진정한 아름다움을 보았다.

주의 성전의 아름다움으로 만족하리이다.[89]

그분이 피로 값주고 사신 교회는 여전히 아름답다. 눈부시다. 그분이 신부 삼으신 교회는 설레며 신선하고 순결하다. 세상도 그분이 지으셨기에 아름답다. 사람들도 그분이 사랑하시기에 소중하고 아름답다. 세상을 이처럼 사랑하신 하나님, 감사합니다.

후임목사에 대한 칼뱅의 부탁

"여러분은 베자선생(M. de Béze)을 나의 후계자로 택하셨습니다.

그를 소중히 도우십시오.

그의 짐은 무거워서 그것에 반드시 정복될 만큼 어렵기 때문입니다.

잘 버틸 수 있도록 그를 보살펴 주십시오. (중략)

여러분은 역시 집적거리거나 거슬리는 말을 하지 않도록 조심하십시오.

마음을 뒤흔들어 놓기 때문입니다.

이 일들은 사소한 일들이지만,

그런 일을 하는 사람은 그리스도인이 아닙니다.

그러므로 그런 것들을 자제하고,

훌륭한 조화와 성실한 우정 속에서 살기를 바랍니다."

- 장 피노우가 기록한 칼뱅의 목사회에 남긴 유언 -

임종구, 『칼빈과 제네바목사회』 (서울:부흥과 개혁사, 2015)

에필로그

나는 이 책의 마지막에서도 다시 곽안련의 글을 인용하려고 한다. 곽안련은 설교학 서문에서 이렇게 인사한다.

나의 옛 제자들, 곧 내가 36년간 평양신학교에서 가르친 오늘의 한국의 장로교회의 목사들과 현재 신학교에서 재학 중인 젊은이들에게 문안드립니다.

나는 40년간 한국에서 살았습니다. 이제 나는 76세의 노인이 되었습니다. 나는 진정 내 옛 고향 한국에 돌아갈 수 있기를 원합니다. 내 생애에 가장 행복한 시절은 오늘날 늙으셨을 교역자 여러분들과 함께 주의 일을 하며 지나던 그 시절이었습니다. 내가 간절히 바라며 기도하는 것은 현재 신학교에서 공부하는 젊은 교역자들은 한국교회의 기초를 세우느라고 피를 흘린 옛 성도들이 가지었던 그 믿음 그 열심 그 헌신을 가지라는 것입니다. 여러분들은 이 새 시대에 있어서 새롭고도 가장 어려운 문제에 봉착하게 될 것입니다. 이 어려운 문제들을 견디고 해결할 수 있는 유일한 방법과 힘은 지난날 한국의 옛 교역자들이 가지었던 신앙과 열심과 헌신입니다. 나는 다음의 메시지를 그리스도 예수 안에서 내 아들이 된 여러분의 아버지들에게 준 것과 같이 내 손자, 곧 여러분들에게 주고자 합니다.

하나님의 말씀을 설교하여라 순풍에 힘을 내고 역경에도 쟁투하여라 오래 참음과 교훈으로써 견책하고 경계하고 설복하고 권고하여라! 그리고 모든 것을 항상 사랑으로 더 많은 사랑으로, 끝까지 더욱 크고 많은 사랑으로 열심을 품고 하여라!

나는 이 세상에서 젊은 여러분들과 아무래도 만나볼 수 없을 것 같습니다. 그러나 훗날 먼 훗날 그 영광의 나라에서 여러분과 만나기를 원합니다. 그 때에 우리는 함께 만나서 여러분들의 세대의 어렵던 문제와 기쁘던 일을, 나는 내가 살던 세대의 일들을 서로 이야기합시다. 나는 가장 행복합니다. 왜냐하면 내 아들 곽안전이 젊은 일군인 여러분들과 함께 주의 일을 하기 위하여 한국에 지금 살고 있기 때문입니다.[90]

이렇게 한 사람 설교자의 인생은 아름답게 퇴군하고 있다. 모든 이 땅의 설교자들이 자신의 인생, 설교자의 인생을 마치는

날, 이렇게 회고할 수 있으면 좋겠다. 언젠가 이 책의 증보판을 다시 내게 되는 날이 온다면 그 때, 설교자로서의 인생은 아름다웠노라고 고백하고 싶다. 곳곳에서 매주 토요일 목양실을 벗어나지 못하고 한 편의 설교와 씨름하며 고군분투하는 이 땅의 모든 동지들에게 우리 주님께서 주일 강단에 설 때마다 힘주시고 은혜 주시기를 원하며, 설교자들의 충성을 통해 주님의 교회에 늘 양식이 있기를 소망한다.

미 주

01 E. M. Bounds, Power through Preyer (London: Marshall Brothers), 11.

02 마틴 로이드존스, 『설교와 설교자』, 정근두 옮김 (서울: 복있는 사람, 2012)

03 곽안련은 1910년에 『강도요령』, 1925년에 『강도학』을 냈고, 1935년에 『설교학』을 출판하였다.

04 곽안련, 『설교학』 (서울: 대한기독교서회, 1952), 190-191.

05 해돈 로빈슨이 에디터한 『성경적인 설교준비와 전달』에도 에밀리 쉬브의 "소리가 없으면 설교도 없다" 정도만 한 챕터로 다룰 뿐이다. 연작인 『성경적인 설교와 설교자』역시 정작에 "설교자란 어떤 사람인가?" 하는 성찰은 찾아볼 수 없다. 해돈 로빈슨, 『성경적인 설교준비와 전달』, 주승중 옮김 (서울: 두란노, 2006), 136-140.

06 요 1:6 "하나님께로부터 보내심을 받은 사람이 있으니 그의 이름은 요한이라"

07 겔 47:1-12

08 요 4:14

09 눅 1:59-66

10 마틴 로이드 존스, 『설교와 설교자』, 정근두 옮김 (서울: 복있는 사람, 2012), 144-145.

11 히 4:12

12 신구약성경에서 가장 탁월하게 쓰임을 받은 두 사람은 모두 언변에 자신감이 없었던 인물들이었다. 하지만 모세와 바울은 그 어떤 달변가도 흉내할 수 없었던 사역의 중심에 있었다. (출 4:10-12; 고전 2:1-5, 4:16-20; 고후

10:10, 11:6)

13 막 7:15-16

14 마르바 던, 『언어의 영성』, 오현미 옮김 (서울:좋은씨앗, 2009), ⅰ.

15 마르바 던, 『언어의 영성』, ⅲ.

16 마르바 던, 『언어의 영성』, 28.

17 마르바 던, 『언어의 영성』, 19.

18 막 12:37 "백성이 즐겁게 듣더라"

19 고전 10:23

20 고전 14:40 "모든 것을 품위 있게 하고"

21 해돈 로빈슨, 『성경적인 설교와 설교자』, 전의우 옮김 (서울: 두란노, 2006), 148-49.

22 해돈 로빈슨, 『성경적인 설교와 설교자』, 149. 곳곳에서 인용.

23 장 칼뱅, 『기독교강요 프랑스어초판』, 박건택 옮김 (서울: 부흥과개혁사, 2018), 215-218.

24 딤전 3:2, 벧전 5:1

25 행 6:2

26 프래드 B. 크래독, 『권위 없는 자처럼』, 김운용 옮김 (서울: WPA, 2003), 38.

27 마틴 로이드 존스, 『설교와 설교자』, 375.

28 존 스토트, 『설교자란 무엇인가』, 채경락 옮김 (서울: IVP, 2010), 138.

29 장 칼뱅, 『기독교강요 프랑스어초판』, 82.

30 John Calvin, Institutes of the Christian Religion, trans. Ford Lewis Battles (Philadelphia: Westminster Press, 1960), 3.8.1.

31 백순희 젬마 마리아 외, 『규칙서』 (왜관: 성 베네딕도회

왜관수도원, 2004), 844-850.

32 해돈 로빈슨, 『성경적인 설교와 설교자』, 195.

33 루시 모드 몽고메리, 『빨간 머리 앤』(서울: 지경사, 2000),
21.

34 백석, 『나와 나타샤와 흰 당나귀』(서울: 시와사회, 1997).
곳곳에 중략.

35 이생진, 『그리운 바다 성산포』(서울:우리말, 1987)

36 임종구, "칼뱅과 제네바교회 이야기 / ⑦ 칼뱅, 제네바로
다시 돌아오다" (기독신문, 2017. 2. 23.).

37 수독오거서(須讀五車書), 장자(莊子), 제33편. 천하(天下)
中에서

38 독만권서(讀萬券書), 동기창, 화선실수필 中에서

39 약 1:26

40 사 50:4

41 욥 2:10

42 고전 4:20

43 장 칼뱅, 『칼뱅 작품선, 3』, 박건택 옮김 (서울:
부흥과개혁사, 2021), 298.

44 임종구, 『칼빈과 제네바목사회』(서울: 부흥과개혁사,
2015), 234.

45 사 50:4

46 벧전 3:15

47 잠 27:17

48 임종구, 『칼빈과 제네바목사회』, 147-148.

49 고전 15:6

50 시 1:2

51 마 7:24-27

52 갈4:19

53   임종구, 『칼빈과 제네바목사회』, 339-340.

54   임종구, 『칼빈과 제네바목사회』, 340-343.

55   딤전 4:13

56   장 칼뱅, 『칼뱅 서간집』, 박건택 옮김 (서울: 부흥과개혁사, 2019), 16-18.

57   장 칼뱅, 『기독교강요 프랑스어초판』, 76.

58   homo technicus

59   homo mediacus

60   임종구, 『칼빈과 제네바목사회』, 234.

61   Miss Kim Lilac_' Syringa patula Miss Kim'

62   엘리사 모건, 『내 마음의 열매 가꾸기』, 김열실 옮김 (서울: IVP,2008) 114-116.

63   조이 도우슨, 『하나님을 경외하는 마음』, 이상신, 양혜정 옮김 (서울: 예수전도단, 2012) 155. *필자는 조이 도우슨의 신학적 입장에는 동의하지 않는다.

64   임종구, 『강구 가다』(서울:홍림, 2019), 45.

65   눅17:10

66   요3:30

67   요1:6

68   헤르만 바빙크, 『개혁교의학 Ⅰ』, 박태현 옮김 (서울: 부흥과개혁사, 2011), 506.

69   자크 르 코프, 『서양중세문명』, 유희수 옮김 (서울: 문학과지성사, 1992), 452.

70   요한 하위징아, 『중세의 가을』, 이종인 옮김 (서울: 연암서가, 2012), 42-43.

71   임종구, "칼뱅과 제네바교회 이야기 / ⑤ 칼뱅, 제네바로 다시 돌아오다" (기독신문, 2017. 2. 10.).

72   사 40:1

73 Think Globally, Act Locally

74 벧후 1;5-7

75 조훈현, 『고수의 생각법』(서울: 인플루엔셜, 2015), 곳곳에서 중략.

76 해돈 로빈슨, 『성경적인 설교와 설교자』(서울: 두란노, 2006), 156.

77 김병국, "신년대담 / 임종구 목사가 묻고 장차남 목사가 대답하다"(서울: 기독신문, 2018. 1. 15).

78 1536~1538

79 Compagnie des pasteurs de Genéve

80 임종구, 『칼빈과 제네바목사회』, 456.

81 임종구, 『칼빈과 제네바목사회』, 488.

82 요 15:15

83 요 15:13

84 칼뱅, 『요한복음주석』, 박문제 옮김 (서울: 크리스찬다이제스트, 2012), 5.

85 요 11:11, 15:13-14

86 행 28:14-15

87 Inst. 4. 5. 16.

88 Inst. 4. 5. 18.

89 시 65:4

90 곽안련, 『설교학』, 3-4.